L'APPRENTISSAGE DES MATHÉMATIQUES

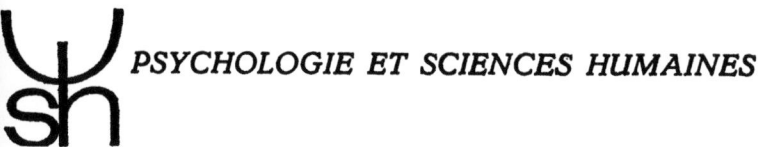

PSYCHOLOGIE ET SCIENCES HUMAINES

G. MIALARET

*Professeur à la Faculté
des Lettres et Sciences
Humaines de Caen*

l'apprentissage
des mathématiques

Essai de psycho-pédagogie

CHARLES DESSART, EDITEUR
2, GALERIE DES PRINCES, BRUXELLES

DU MEME AUTEUR

Questions de psychologie et travaux pratiques, éditions du Scarabée.

L'écriture et la connaissance de nos enfants, en collaboration avec A. Lecerf, Bourrelier.

Recherches préliminaires à la pédagogie du calcul à l'école primaire, Delachaux et Niestlé (traduction italienne).

Nouvelle pédagogie scientifique, P.U.F. (traduction espagnole, portugaise, italienne).

L'éducateur et la méthode des tests, Scarabée (traduction italienne, espagnole, turque).

Pédagogie des débuts du calcul, Nathan (traduction espagnole).

Etude sur la sélection et la formation des professeurs de mathématiques, C.N.R.S.

L'enseignement des mathématiques, en collaboration, P.U.F.

Psycho-pédagogie des moyens audio-visuels dans l'enseignement du premier degré, U.N.E.S.C.O., P.U.F. (traduction anglaise).

Introduction à la pédagogie, P.U.F. (traduction espagnole, polonaise).

L'apprentissage de la lecture. Etude psycho-pédagogique, P.U.F. (traduction espagnole, italienne).

Education nouvelle et monde moderne, en collaboration, P.U.F. (traduction espagnole).

Statistique à l'usage des éducateurs (en collaboration avec D. Pham), P.U.F.

INTRODUCTION

Bergson faisait remarquer que l'on n'était jamais tenu d'écrire un livre ! Mais si on l'écrit il n'est peut-être pas mauvais d'éclairer le lecteur et de lui indiquer nettement quelles ont été les intentions de l'auteur, dans quel esprit a été écrit l'ouvrage, ce que l'on peut y rechercher, ce que l'on peut y trouver.

Le lecteur qui nous fait l'honneur d'ouvrir ce livre pénétrera avec nous dans le domaine de la psycho-pédagogie du calcul et des mathématiques. Que ce mot barbare ne l'arrête pas dans son itinéraire et ne diminue en rien sa motivation ! Il s'agit simplement de décrire, d'analyser, de comprendre si possible l'ensemble des processus psychologiques mis en jeu par l'apprentissage du calcul et des mathématiques. Cette perspective ainsi définie est donc assez différente de celle que l'on découvre en ouvrant un livre de pédagogie des mathématiques où se trouvent exposées les mathématiques « modernes » ainsi que les procédés destinés à les faire acquérir dans les meilleures conditions par les élèves. Mais qu'il s'agisse de mathématiques dites « traditionnelles » ou de mathématiques dites « modernes » il y a un grand nombre de processus psychologiques analogues (sans qu'il y ait pourtant identité absolue) qui ne sont guère connus des parents et des éducateurs. Et peut-être que la révolution apparente résultant de l'introduction des mathématiques modernes dans l'enseignement n'aurait pas eu ce caractère spectaculaire si, depuis longtemps, les mathématiques avaient été enseignées en s'appuyant sur une connaissance plus précise des processus psychiques qu'elles impliquent. Nous n'hésitons donc pas à affirmer (et que l'on nous pardonne notre manque de modestie) que notre travail présente une certaine originalité puisque les ouvrages dans lesquels se trouvent présentés les aspects psychologiques, étudiés en quelque sorte sur le tas, c'est-à-dire dans les classes, en contact direct avec les élèves en train d'apprendre les mathématiques, sont relativement rares. Ceci ne signifie pas que nous sous-estimions tous les travaux de « laboratoire » ou de recherche pure qui ont été faits par les psychologues contemporains; nous les utilisons constamment et ils nous aident à mieux comprendre les difficultés que nous rencontrons sur notre chemin et à faire des hypothèses explicatives très efficaces; mais le point de vue est autre sans être essentiellement différent. Des psychologues tels que J. Piaget, P. Greco ont analysé avec une profondeur et une lucidité inégalables certains aspects de la construction du nombre, de l'accession à la logique... en plaçant les enfants et les adolescents dans des conditions très précises et le génie expérimental de l'école de Genève mérite toute notre admiration. Notre étude est certainement moins « pure » puisque nous abordons le problème avec un nombre infiniment plus grand de coordonnées : nous étudions l'élève en classe, en train d'affronter les difficultés et d'essayer de les surmonter avec l'aide du maître. Notre point de vue, plus global, gagne en réalité ce qu'il perd en précision et en rigueur. Tout en utilisant au maximum les résultats les plus solides de la recherche psychologique contemporaine, notre livre n'est pas un livre de « recherche scientifique ». Les expériences présentées, les résultats analysés ne sont donnés que pour asseoir la pratique pédagogique sur des bases solides et expérimentales; ils ne sont donnés que pour montrer, en dernière analyse, l'importance de l'apport de la recherche psycho-pédagogique à la pratique journalière, à la pratique réelle. Il n'y a aucune opposition entre les recherches de laboratoire, celles dont nous parlerons et la pratique quotidienne dans la classe. La pédagogie ne pourra progresser qu'en s'appuyant sur tous les résultats scientifiques contemporains, sur les résultats les plus sûrs de la réflexion et de la recherche actuelles. C'est dire que la pédagogie du calcul et des mathématiques ne peut ignorer l'évolution actuelle des mathématiques, les progrès de la psychologie, l'évolution extraordinaire des méthodes et des techniques d'enseignement. C'est un point important sur lequel nous allons revenir.

Mais il nous était matériellement impossible d'aborder tous les problèmes de la psycho-pédagogie du calcul et des mathématiques sans transformer notre modeste essai en une encyclopédie; plusieurs solutions se présentaient à nous : ou bien parler sommairement de tout, ou bien négliger certains aspects et approfondir un peu plus ceux qui étaient retenus. C'est cette dernière solution que nous avons choisie malgré ses difficultés et ses dangers. La psycho-pédagogie du calcul commence normalement par étudier les débuts des activités logiques et le développement de la notion de nombre chez l'enfant. Etant donné le nombre important d'études et de publications sur ce point, nous l'avons passé presque complètement sous silence, soit pour ne pas courir le risque de trop schématiser, soit pour ne pas répéter ce que nous avons déjà dit ailleurs (¹). Nous avons choisi les quelques points qui, à notre humble connaissance, ne sont pas traités dans les ouvrages actuellement à la disposition du public cultivé mais non spécialisé en psycho-pédagogie.

Les parents et les éducateurs ne trouvent pas toujours, en effet, des ouvrages intermédiaires entre la pratique, l'ensemble des recettes pédagogiques d'une part, les recherches scientifiques les plus solides et les plus modernes d'autre part. Ce livre essaye de combler le fossé qui existe

(¹) Voir *Les débuts du calcul*, Paris, Bourrelier.

malheureusement trop souvent entre ces deux domaines; il a essayé de rester à mi-chemin entre les deux domaines d'activité, d'apporter à l'un ce qui manquait à l'autre, de féconder l'action du premier par les résultats scientifiques du second, de replacer certaines études du second dans les conditions réelles du premier. Tâche difficile et périlleuse ! En voulant éviter certains écueils, on risque de traîner avec soi les défauts de chacune des méthodes sans profiter des qualités de chacune d'elles. A mi-chemin entre la théorie et la pratique on risque de ne satisfaire personne ni les théoriciens, ni les praticiens. Mais si, quelles que soient les insuffisances de l'entreprise, nous arrivons à montrer que le pont existe, que les praticiens doivent constamment se tourner vers les chercheurs, que les chercheurs ne doivent pas ignorer les conditions réelles de la pratique quotidienne dans les classes, nous n'aurons pas complètement échoué. Et nous ne devons pas non plus oublier que les parents s'intéressent de plus en plus aux problèmes de l'éducation; l'initiation aux mathématiques n'intéresse plus seulement maintenant les éducateurs et les professeurs spécialisés; elle intéresse tous les parents, tous les administrateurs, tous les citoyens. Qu'on le veuille ou non, notre civilisation contemporaine exige de chacun un minimum de formation mathématique sous peine d'inadaptation au monde moderne. La formation mathématique, surtout sous ses formes modernes, s'inscrit normalement dans le cadre d'une culture humaine actuelle et « rater » une telle formation, c'est-à-dire ne pas profiter de toutes ses richesses, de tout ce qu'elle peut apporter au développement de la personnalité c'est gaspiller gratuitement des richesses intellectuelles et humaines. Nous n'en avons plus le droit : les exigences de la vie et de l'évolution modernes nous imposent de faire fructifier au maximum le capital intellectuel que porte en lui chaque enfant. Nous espérons donc que chaque parent, que chaque éducateur, que chaque citoyen qui ouvrira ce livre ne le refermera qu'à la dernière page, après avoir pris conscience à la fois de l'importance des problèmes posés, de la possibilité de leur trouver une solution satisfaisante, de l'urgence d'améliorer une pratique pédagogique aboutissant à une augmentation considérable non seulement du rendement brut, mais de l'intérêt de nos jeunes pour les mathématiques, d'une formation plus équilibrée de leur personnalité.

L'auteur de ce livre est d'ailleurs, lui aussi, un père de famille, un ancien professeur de mathématiques, un chercheur et un professeur de psycho-pédagogie. Il a vécu, comme élève puis comme professeur, les problèmes de l'initiation aux mathématiques; le père d'élève a pu ensuite observer l'initiation de l'intérieur en quelque sorte, en essayant de suivre le développement de ses propres enfants et de les aider. Le chercheur a été plus loin; ne se contentant pas des résultats obtenus par d'autres, il a voulu lui-même reprendre, quelques années — après l'avoir abandonné — le métier de professeur de mathématiques et étudier, in vivo, les processus qu'il avait étudiés dans d'autres conditions. C'est ainsi que l'auteur a repris la responsabilité d'une classe de sixième et a suivi les élèves de cette classe jusqu'en troisième (¹). Les remarques faites dans ce livre se trouvent donc à la rencontre de plusieurs séries de préoccupations entre lesquelles une synthèse a été tentée; on s'expliquera ainsi qu'à côté des remarques banales faites sur les enfants et l'utilisation de réflexions naïves des élèves se trouvent des résultats d'expériences réelles faites dans les classes, expériences faites avec le maximum de précautions sans aboutir toujours à une rigueur expérimentale ou scientifique suffisante; l'appareil statistique d'interprétation a été, en général, éliminé afin que ce modeste essai ne soit pas d'une lecture difficile pour les non-initiés aux mystères des corrélations ou de l'analyse de la variance; mais le lecteur exigeant devra savoir que certaines affirmations s'appuient sur des con-

(¹) En France : 6ᵉ = 1ʳᵉ année du cycle secondaire, 5ᵉ = 2ᵉ année...

trôles dont nous n'avons pas toujours donné le détail.

Il nous reste à soulever un dernier point avant d'aborder le second chapitre qui sera, justement, consacré aux mathématiques actuelles. Une lecture superficielle pourrait laisser croire que nous ne sommes « plus dans le vent » puisque n'apparaissent pas dès nos premières pages les diagrammes de Venn, les unions et les intersections, les figures que l'on trouve maintenant dans tous les livres de mathématiques. Le second chapitre nous permettra de nous expliquer sur ce point et de montrer qu'au contraire, nous sommes très près de tous nos collègues mathématiciens et que nous sommes parfaitement convaincus de la nécessité d'une réforme de notre enseignement aussi bien dans sa forme que dans son contenu. Mais les études analogues à celles que nous présentons ici sont rares (nous n'en connaissons qu'une !) pour la bonne raison que les psychopédagogues n'ont pas encore eu le temps d'analyser, comme nous l'avons fait, les processus psychologiques mis en jeu par les mathématiques enseignées actuellement dans nos écoles. Tout un champ d'exploration pédagogique est ouvert aux futurs chercheurs et nous souhaitons que les exemples donnés dans ce livre invitent ceux-ci à refaire, dans de nouvelles conditions pédagogiques, des observations, des analyses, des expériences voisines de celles dont nous parlons ici. Ceci ne va pas nous empêcher d'essayer de poser avec le maximum de généralité possible le problème de la pédagogie des mathématiques en essayant d'avoir tout d'abord une idée claire de la nouvelle discipline à laquelle nous voulons initier nos élèves; c'est après cette réflexion préliminaire que nous pourrons aborder les problèmes psychologiques et pédagogiques. C'est donc à un itinéraire difficile que nous convions notre lecteur, mais nous espérons que son attention et son intérêt seront soutenus par la foi qui nous anime, par notre désir d'améliorer l'enseignement du calcul et des mathématiques pour le plus grand bien de nos enfants, de leurs parents et pour la satisfaction générale des professeurs et des utilisateurs.

CHAPITRE I

PROBLEMES GENERAUX

Comment se pose à notre époque le problème de l'enseignement des mathématiques ? On peut sans crainte affirmer que, depuis quelques années, il est difficile de répondre simplement à cette question. Il s'agit, en effet, d'un problème qui a de nombreuses coordonnées appartenant à des domaines très différents. Il faut d'abord savoir quels sont les buts que l'on peut assigner à cet enseignement et, selon les objectifs que l'on choisit, les problèmes se résolvent de telle ou telle façon. Une fois les objectifs généraux définis on est en droit de se tourner vers la matière elle-même à enseigner et se poser un certain nombre de questions en ce qui concerne la discipline à enseigner; c'est ainsi que nous aborderons le problème des mathématiques dites modernes afin de bien préciser de quoi il s'agit. Ce n'est qu'après avoir bien défini les objectifs et le contenu de l'enseignement que l'on peut alors se tourner vers les problèmes de la pratique pédagogique et vers les problèmes psychologiques qui leur sont liés. Essayons donc tout d'abord de définir avec une certaine précision quels sont les objectifs que l'on peut assigner à un enseignement du calcul et des mathématiques.

LES BUTS DE L'ENSEIGNEMENT DU CALCUL ET DES MATHEMATIQUES

Si l'on demandait à un professeur de mathématiques de dire pourquoi il exerce sa fonction, pourquoi il participe à l'éducation des jeunes gens, pourquoi on ne pourrait pas le supprimer purement et simplement, que dirait-il ? C'est peut-être une façon brutale mais pourtant exacte de définir les raisons pour lesquelles nous devons enseigner le calcul à l'école primaire et les mathématiques dans l'enseignement du second degré; quels sont donc les objectifs que nous désirons atteindre ? Une grande enquête internationale a été organisée par le Bureau International de l'Education pour demander à chacun des pays membres quels étaient les buts de l'enseignement du calcul dans son pays. De nombreuses réponses ont été données et nous les classerons en trois catégories principales (contrairement au rapport qui en fait 6 rubriques) en y ajoutant les raisons qui nous semblent avoir été légèrement négligées. La classification que nous proposons est d'ailleurs, comme toute classification de ce genre, un peu arbitraire et artificielle; la distinction des différents objectifs n'est pas toujours chose aisée et les nécessités de l'exposition nous obligent à distinguer ce qui est parfois plus ou moins confondu dans la réalité. Nous dirions volontiers que l'enseignement des mathématiques doit atteindre trois objectifs : étant donné un élève, il faut lui fournir un outil intellectuel, développer sa formation intellectuelle et l'adapter à la vie. Essayons de développer ces trois points.

Nous sommes bien obligés de commencer par un de ces objectifs et nous mettons en tête l'acquisition d'un outil, bien que l'on puisse penser que l'acquisition de cet outil doive découler normalement d'une bonne formation intellectuelle. Quoi qu'il en soit, beaucoup de parents et de maîtres voient dans l'enseignement du calcul et, plus tard, dans l'initiation aux mathématiques le moyen de fournir à l'élève un instrument pour compter, pour résoudre les problèmes que l'enfant puis l'adulte rencontrera dans la vie pratique. Trop souvent d'ailleurs on lit dans les documents officiels ou dans la presse pédagogique : « le but essentiel est le développement de l'aptitude à compter » et les textes officiels français ajoutent « il convient avant tout d'acquérir le mécanisme du calcul, d'apprendre à calculer vite et bien ». Pour répondre, d'autre part, aux besoins d'une formation professionnelle, l'enseignement du calcul est amené à aborder ce que l'on appelle les « problèmes pratiques » qui, sans être des problèmes typiquement professionnels pour la résolution desquels manqueraient aux enfants beaucoup de connaissances technologiques, sont pourtant des problèmes qui cherchent à mettre les élèves devant des situations concrètes afin de leur apprendre à utiliser leurs connaissances théoriques pour trouver la solution des problèmes qu'ils rencontreront constamment dans la vie quotidienne. Les mauvaises langues ajoutent, d'ailleurs, que dans la vie les occasions d'utiliser les connaissances mathématiques apprises à l'école sont très rares et qu'en dehors des quatre opérations et de la notion de proportionnalité (c'est-à-dire la fameuse règle de trois), l'adulte normal n'a guère l'occasion de calculer la longueur d'une circonférence ou le volume d'un prisme droit ! On ajoute même que l'existence actuelle des machines à calculer dont l'emploi est facile permet à n'importe quel commerçant, à condition qu'il soit susceptible d'apprendre à appuyer sur quelques touches bien choisies, de faire des calculs sans erreur. Ceci pour bien mettre en évidence que les objectifs d'une discipline telle que les mathématiques (qui semblent à quelques-uns être une discipline éternelle) se transforment et que nous devons en tenir compte; il est certain que l'habitude donnée aux élèves de manipuler des abaques, des tableaux numériques, des machines à calculer doit être développée même si, en apparence, les élèves n'ont plus à compter puisque les calculs sont faits ! En fait l'utilisation de tels instruments augmentent la rapidité des calculs, permettent de faire des calculs plus compliqués et supposent une familiarité peut-être encore plus grande avec le système de numération que celle qui était nécessaire pour les opérations classiques.

Mais c'est surtout sur la formation intellectuelle qu'apporte un bon enseignement des mathématiques qu'il faut insister. « Que nul n'entre ici s'il n'est géomètre » (entendons ici : mathématicien) disait Platon et, de nos jours, nous ne pouvons plus concevoir une éducation, une formation dignes de ce nom si elles ne comportent pas une part, de plus en plus grande, de mathématiques. Non qu'il s'agisse de former des mathématiciens de profession ! Mais quelle que soit la spécialité choisie on se trouve dans la plupart des cas en présence d'utilisations de mathématiques; littéraires (grammairiens, phonéticiens, linguistes), historiens (histoire quantitative), géographes, sociologues, psychologues, économistes ont besoin de manier l'instrument mathématique, d'utiliser les démarches intellectuelles qui sont à l'œuvre dans les mathématiques. C'est en ce sens que nous ne craignons pas d'affirmer qu'actuellement une préparation à la vie ne peut se faire dans de bonnes conditions sans un appel à une formation mathématique. Nous laisserons de côté toutes les données faciles à développer sur l'action des mathématiques dans le domaine des bonnes habitudes d'ordre, de réflexion, de prudence, de morale, d'honnêteté. Nous ne les négligeons pas mais nous estimons que tout l'enseignement participe à l'acquisition de toutes ces habitudes et nous préférerions nous étendre davantage sur les apports spécifiques des mathématiques.

Une formation mathématique apporte tout d'abord à l'individu un enrichissement conceptuel que ne peut lui apporter aucune autre discipline. Le concept de nombre, celui d'opération, celui de vérité mathématique, celui de rapport, de proportionnalité... font partie de l'équipement intellectuel de l'homme moderne. De même, une formation mathématique habitue les élèves à dépasser la réalité concrète pour la traduire dans une nouvelle langue épurée, plus abstraite mais qui fait apparaître les ressemblances entre des situations en apparence très éloignées les unes des autres. Ce rapprochement des situations, ce regroupement de problèmes éloignés donne une puissance bien plus grande au raisonnement et permet de découvrir sous les apparences des formes générales, de simplifier en quelque sorte notre vision du monde pour donner plus de force et d'efficacité à notre action. Sous le plus simple problème se cache une forme mathématique et, quelles que soient les difficultés psychologiques que nous analyserons ultérieurement, la mise en évidence de ces structures est bien un des objets de la formation mathématique. C'est à ce moment que peut s'exercer dans toute sa plénitude le raisonnement mathématique auquel il faut initier nos jeunes gens. Etudier les mathématiques c'est essentiellement apprendre à raisonner et habituer à prendre conscience de son raisonnement. Il ne s'agit donc pas de faire acquérir uniquement des habitudes de raisonnement correct (ce qui est déjà important) mais d'habituer les élèves à prendre conscience des démarches elles-mêmes de leur pensée (ici encore quelles que soient sur ce point les très grandes difficultés). En fait l'initiation aux mathématiques apprend aux élèves à manier les axiomes de la pensée logique adulte. Les règles de la déduction ou plus généralement du raisonnement mathématique ne sont pas innées : elles exigent un certain apprentissage; nous n'entrerons pas ici dans le détail de toutes les théories qui parlent de ce passage et qui en donnent une explication. Contentons-nous de dire ici qu'il faut amener les enfants à les découvrir, à les comprendre et à les utiliser afin de les munir des cadres fondamentaux sans lesquels un raisonnement ne peut être correct. Se construit alors en même temps le raisonnement hypothético-déductif qui sera le prototype même du raisonnement de l'adulte cultivé de nos civilisations.

Toutes ces démarches ne peuvent s'effectuer sans un langage particulier qui sait allier la précision et l'élégance, la sobriété et la densité. Une bonne formation mathématique s'accompagne automatiquement de l'acquisition d'une langue épurée qui gagne en concision sans éliminer pour autant une certaine forme de beauté. La perfection d'une démonstration mathématique tient à la fois à la rigueur du raisonnement en même temps qu'à la forme dans laquelle cette démonstration est exprimée. Initier aux mathématiques c'est donc en même temps initier à un meilleur usage de la langue maternelle et le professeur de mathématiques doit se considérer comme étant aussi un professeur de français.

On comprend dès lors qu'une bonne formation mathématique soit un élément essentiel d'une bonne adaptation à la vie actuelle. Dans notre monde tout se quantifie, tout s'exprime par des résultats numériques, par des statistiques. Initier nos jeunes gens aux mystères de la mathématique c'est les équiper intellectuellement pour participer à la vie de la cité, c'est leur permettre de jouer correctement leur rôle de citoyen. Une bonne formation statistique par exemple ne conduit pas seulement à pratiquer correctement certains calculs; elle consiste à faire découvrir une nouvelle forme de pensée, à donner de nouvelles façons de poser les problèmes et de les résoudre. Initier nos jeunes à la mathématique c'est leur apprendre à découvrir, sous l'argument fallacieux qui s'habille de chiffres, la vérité, distinguer ainsi le mensonge, l'à-peu-près de ce que l'on a le droit d'affirmer. Faire découvrir à nos élèves les nouvelles étendues mathématiques et la puissance de pensée et d'action de cette discipline c'est les mettre de plain-pied dans notre monde moderne aux espaces infinis. Les buts de l'enseignement du calcul et des mathématiques sont donc nombreux et complexes; en négliger quelques-uns c'est mutiler la formation qui se doit d'être équilibrée. Ramener l'enseignement des mathématiques à une seule technique et faire celui-ci indépendamment de toutes les autres formes et modalités de l'éducation c'est ne pas lui donner toute sa puissance et toute son efficacité. Il ne suffit donc pas d'être un bon mathématicien pour être automatiquement un bon professeur de mathématiques. Nous espérons que la lecture de cet ouvrage convaincra ceux qui, éventuellement, ne seraient pas convaincus de la valeur de cette affirmation.

CHAPITRE II

LES MATHEMATIQUES ACTUELLES

S'il est impossible de fixer l'état d'une science il est non moins difficile de décrire l'état actuel d'une discipline, même quand il s'agit d'une discipline comme les mathématiques. L'expérience des vingt dernières années nous rend prudent en ce domaine. Ceci peut pourtant paraître étonnant à beaucoup de ceux qui ont étudié les mathématiques il y a 30 ou 40 ans ! Les professeurs insistaient sur l'aspect éternel et absolu des démonstrations et tout invitait les élèves à croire que jamais les mathématiques n'avaient évolué ou n'allaient évoluer. La réalité est très différente de l'image que s'en faisaient ou que s'en font encore actuellement parents et élèves. Les mathématiques constituent une discipline qui évolue sans cesse et c'est un fait dont nous venons de prendre conscience d'une façon brutale devant la profondeur du fossé qui s'était petit à petit creusé entre l'enseignement des mathématiques au niveau de l'enseignement du second degré et la recherche mathématique au niveau de l'enseignement supérieur.

On assiste, en effet, à plusieurs types de transformations et l'on peut même dire que certaines de ces transformations se font sous nos yeux. Nous n'allons pas ici approfondir tous ces points qui relèvent d'un livre sur l'histoire des mathématiques : contentons-nous de les signaler et de nous arrêter uniquement sur ce que l'on appelle les « mathématiques modernes ». Dans certains domaines on assiste à l'approfondissement d'une des branches de la mathématique; c'est l'exemple actuel de l'astronomie. Rares étaient les problèmes de cosmographie que l'on voyait apparaître aux épreuves du baccalauréat en France avant la dernière guerre mondiale; ils ne sont plus rares maintenant et les professeurs peuvent actuellement s'inspirer des problèmes posés par la navigation spatiale pour renouveler leur stock d'exercices. On a vu, dans d'autres domaines, se développer de nouvelles branches : l'exemple typique est celui du calcul des probabilités et des statistiques et tous les examens qui comportent des mathématiques à un niveau supérieur ne peuvent plus exclure cette nouvelle branche de leur programme. Il y a eu aussi, des abandons : les épures compliquées de géométrie descriptive de jadis sont presque inconnues de nos jeunes mathématiciens.

Mais, à côté de ces modifications mineures, il faut signaler les transformations essentielles qui donnent à la mathématique dans son ensemble un nouveau visage. Sans remonter à Euclide lui-même (Avocats, passons au déluge !) et en sautant à pieds joints sur les Arabes, arrivons-en à Descartes. Quand il introduit la géométrie analytique il ne s'agit pas simplement d'une nouvelle branche à développer mais de substituer à l'étude « du » problème, comme on pouvait l'observer chez beaucoup de mathématiciens grecs, une méthode susceptible de s'appliquer à tous les problèmes; quel changement extraordinaire d'optique et quelle généralisation ! Aux environs de 1800 les mathématiciens prennent conscience des insuffisances logiques des constructions qui sont les leurs. On commence à analyser les postulats sous-jacents à toute démonstration et les travaux de Cauchy vont trouver leur plein épanouissement dans l'œuvre d'un Hilbert qui va montrer les insuffisances logiques de la construction euclidienne et indiquer qu'il faudrait admettre une trentaine de propositions pour fonder complètement nos raisonnements géométriques. On découvre donc à cette époque les relations très étroites des mathématiques et de la logique; on prend conscience du fait qu'une théorie mathématique doit répondre à un certain nombre d'exigences, doit avoir une cohérence logique et c'est dans cette voie que s'orientera l'école contemporaine dite bourbakiste (¹). On assiste donc à un effort gigantesque d'axiomatisation afin de donner aux mathématiques leur pureté maximum et d'en faire un exemple de raisonnement aussi parfait que possible respectant les lois de la logique.

A la fin du siècle dernier un autre courant est venu s'ajouter à celui-ci et nous les distinguons volontiers parce que trop souvent ils sont confondus dans l'esprit de quelques néophytes. Vers 1870-1880 apparaît la théorie des ensembles dont Cantor est le père. Utilisant les travaux de ses prédécesseurs et les résultats des efforts déjà faits sur le plan de l'axiomatisation, Cantor apporte un nouveau contenu aux mathématiques; ensembles, relations, lois de composition, structures algébriques, topologie envahissent les anciens domaines chers aux mathématiciens et l'on comprend que quelques parties importantes — ou qui paraissaient telles — soient vouées à la mort. C'est dans ce sens — et il faut tenir compte du contexte dans lequel elle a été prononcée — qu'il faut interpréter l'affirmation de l'éminent mathématicien qu'est le professeur Dieudonné : « Si je voulais résumer en une phrase tout le programme que j'ai dans l'esprit, ce serait par le slogan : ' A bas Euclide ' ». Et il ajoute : « Tout le reste, qui remplit actuellement des volumes de géométrie élémentaire, tout ce qui concerne par exemple les triangles, presque tout ce qui concerne l'inversion, les systèmes de cercles, les coniques, etc. n'a pas plus de rapports avec ce que font aujourd'hui les spécialistes des mathématiques pures et appliquées que les carrés magiques ou les problèmes d'échec ».

(¹) On consultera avec beaucoup de profit le petit livre de très bonne vulgarisation de mon collègue A. REVUZ, *Mathématique moderne, Mathématique vivante*, chapitre 2 en particulier.

L'éducateur ne peut donc pas rester insensible devant cette évolution et doit prendre en considération l'état actuel de la discipline pour déterminer sa ligne de conduite, c'est-à-dire pour organiser ses programmes et choisir ses métho-des. Ajoutons d'ailleurs que la rapidité du rythme des progrès actuels rend urgent l'effort de réflexion nécessaire aux modifications et je n'insisterai pas sur ce point qui réalise l'accord de tous actuellement. Mais la dernière citation de M. Dieudonné me fournit une transition facile avec un second point.

Qu'est-ce que l'état de la mathématique actuelle ? S'il est vrai que les mathématiques des « spécialistes » sont incontestablement à l'avant-garde de la pensée mathéma-tique et qu'elles constitueront dans un très proche avenir l'essentiel de l'édifice mathématique du XXᵉ siècle, le péda-gogue doit aussi considérer les autres domaines puisque son rôle est d'initier les élèves à la science actuelle et de les préparer à la science de demain. Il ne s'agit donc pas pour nous — et nous insistons sur ce fait, — de négliger les pointes avancées de la mathématique, bien au contraire, mais d'essayer de considérer le problème dans la perspec-tive du pédagogue qui doit, avec l'élève d'aujourd'hui, for-mer l'homme de demain.

La mathématique actuelle est aussi l'état de toutes ses utilisations, à tous les niveaux de l'activité humaine. Je sais parfaitement que ce qu'il est convenu d'appeler les mathématiques modernes constitue un instrument parti-culièrement puissant pour attaquer un nombre de plus en plus grand de problèmes, mais si l'on se situe à des niveaux techniques moins élevés en est-il de même ? On est frappé, lorsque l'on fait une enquête sur les besoins des utilisateurs, sur la disparité de ces besoins : les uns demandent, c'est vrai, des connaissances mathématiques très modernes, mais les autres se contentent de peu de chose, avec entre ces deux pôles des besoins en rapport avec les techniques pro-fessionnelles.

Je voudrais d'ailleurs ici soulever un problème essentiel,

fondamental et difficile dont la solution me paraît délicate à établir et si j'anticipe sur un de mes paragraphes ultérieurs c'est pour éviter toutes les déformations de ma pensée. Il est normal, lorsque l'on consulte la plupart des écrits de nos collègues de l'enseignement supérieur, de constater qu'ils pensent aux élèves du second degré qui deviendront des étudiants en mathématiques et de souhaiter ne pas avoir à faire, au niveau de l'Université, une véritable conversion des bacheliers formés (ou déformés, disent-ils) par les anciennes mathématiques afin de les hisser au niveau de la recherche. Mais on est aussi inquiet lorsqu'on lit sous la plume de certains : « il conviendrait de prévoir des programmes différents pour les élèves qui se destinent à l'Université et pour ceux qui n'ont pas l'intention de poursuivre leurs études. Ces derniers devraient recevoir une formation qui leur permette de connaître et d'utiliser sans difficulté les aspects les plus pratiques des mathématiques, tandis que les élèves qui se préparent à entrer à l'Université devraient suivre un programme secondaire ininterrompu en algèbre et en géométrie et apprendre les principes du raisonnement statistique, de façon à acquérir, dans un domaine bien plus limité, une grande compétence qui leur permette de progresser ensuite rapidement dans l'étude de notions mathématiques plus ardues » ([1]).

Il ne faudrait pas que les mathématiques constituassent un moyen de sélection particulier contraire à l'esprit d'une véritable démocratisation de l'enseignement. A quel âge va se faire cette bifurcation ? Y aurait-il des enfants prédestinés à devenir des mathématiciens ? Notre rôle est d'élever le niveau général de la population scolaire et de n'orienter qu'après une étude approfondie des possibilités de l'adolescent. On sent bien ici une profonde contradiction qui est difficile à résoudre puisqu'il ne s'agit pas, dans notre esprit, de ralentir le rythme des bons élèves pour

---

([1]) Dr. STONE, *Mathématiques nouvelles*, O.E.C.E., p. 21.

l'aligner sur celui des élèves plus lents à se développer et l'éducateur doit en même temps préparer les voies de l'avenir. Nous verrons ultérieurement comment on peut entrevoir une solution en étudiant les coordonnées strictement pédagogiques.

QUELQUES REMARQUES GENERALES
DE PEDAGOGIE

Le choix des méthodes au niveau de l'initiation peut osciller entre deux pôles et, en nous excusant des schématisations inévitables, on peut dire qu'on utilise soit une méthode d'allure déductive, aussi proche que possible de l'activité mathématique réelle, soit une méthode que nous appellerons psychologique parce qu'elle part des relations de l'enfant avec son milieu, c'est-à-dire d'une méthode qui tient compte de son expérience réelle pour aller vers une mathématisation progressive. Dans le premier cas l'édifice mathématique est présenté au sujet et le rôle de l'éducateur est d'amener l'enfant à pénétrer dans cet édifice et à en monter successivement toutes les marches. Dans le second cas l'édifice mathématique n'est pas, contrairement à ce que l'on pourrait penser, inventé par l'enfant, mais il est, grâce à l'aide du maître progressivement *découvert* et les différentes parties élaborées se structurent, se restructurent en fonction des connaissances déjà acquises.

Si l'on adopte le premier point de vue, qui est celui du mathématicien accompli, on risque de tomber rapidement dans une forme dogmatique d'enseignement et de confondre le but à atteindre — qui est le raisonnement mathématique le plus rigoureux — et les moyens à adopter, car on impose de très bonne heure à l'enfant une méthode aussi rigoureuse que possible sans s'apercevoir que les cadres logiques de la pensée de l'enfant ne sont pas suffisamment développés pour répondre à notre attente. D'où le très grand nombre d'élèves qui ne suivent pas en mathématiques et, il faut bien le dire, le faible rendement de l'enseignement. Seuls les élèves avancés ou ceux dont la personnalité est déjà nettement orientée par cette forme d'activité psychologique s'accrochent et deviennent mathématiciens. En d'autres termes nous n'avons fait que révéler ceux qui étaient déjà capables de faire des mathématiques mais nous n'avons pas apporté aux autres l'aide dont ils avaient besoin.

Si, au contraire, l'éducateur pense que son rôle est d'amener l'élève aux mathématiques, c'est-à-dire de développer chez lui, d'une façon progressive, les cadres logiques indispensables à la pratique correcte des mathématiques, si l'éducateur estime que l'abstraction, la formalisation et l'axiomatisation sont des processus qui n'existent pas d'emblée chez le jeune enfant qui entre en 6e mais qui ne demandent qu'à naître, à fonctionner, à se fortifier et à dominer la pensée de l'adolescent et la pensée adulte, la méthode pédagogique sera intuitive, inductive et donnera lieu à des mises au point successives qui constitueront chaque fois un palier d'une axiomatisation progressive. Nous pourrons ainsi faire naître chez l'enfant ce besoin de repenser constamment l'ensemble de ses connaissances, de les ordonner, de les structurer d'une nouvelle façon, de les réorganiser. Les différentes et successives mises au point se feront dès lors en tenant compte des connaissances acquises, en tenant compte des expériences de l'enfant, en tenant compte des liens existant entre les mathématiques et les autres disciplines, physique en particulier; elles répondront à un besoin et ne seront jamais une cause de rupture entre la vie et la mathématique. Le plus important n'est pas, à mon sens, de fournir aux enfants tel ou tel système d'axiomes mais de faire naître chez lui le besoin d'un système axiomatique.

Sans négliger complètement le contenu des programmes, nous dirions volontiers que l'on fait des mathématiques nouvelles dans toutes les classes où cette attitude féconde, ouverte, tournée vers l'attitude axiomatisante est adoptée et que l'on fait des mathématiques anciennes dans toutes celles où le professeur n'insuffle pas à ses élèves ce besoin de dépassement, de création dont la fécondité mathématique et psychologique est incontestable.

Il est nécessaire d'examiner certains problèmes et certaines conséquences des affirmations précédentes.

La méthode psychologique vers laquelle vont nos préférences, si elle permet d'obtenir une formation plus profonde et plus féconde d'une part, un rendement maximum avec tous les élèves d'autre part, n'en présente pas moins de sérieuses difficultés d'utilisation. L'attention que nous demandons aux professeurs pour l'évolution psychologique de leurs élèves a deux corollaires immédiats : classe à effectif raisonnable, formation psycho-pédagogique des professeurs. Nous sommes loin d'avoir réalisé ces deux conditions dans notre enseignement français !

Nous avons parlé de l'expérience de l'élève et nous trouvons, par ce biais, l'importante question des relations des mathématiques avec le concret. J'ai été frappé par deux réactions provenant de professeurs de mathématiques qui enseignaient les mathématiques ensemblistes au niveau du second degré. Leur posant des questions relatives au substrat concret auquel pouvaient se référer les élèves, l'un nous dit : « le concret, c'est ce qui nous est familier » et l'autre ajouta : « d'ailleurs, au cours de la première année, nous construisons notre concret ». Et je fus un peu inquiet car s'il est possible de construire un système cohérent à partir de quelques axiomes bien choisis, l'important est que ce système nous permette de mieux comprendre la réalité et d'avoir une puissance d'action sur elle; c'est la raison pour laquelle situer le point de départ dans l'activité de l'enfant me paraît indispensable et profiter de son expérience de plus en plus riche assure aux mathématiques ainsi enseignées un système de référence avec lequel il n'est pas nécessaire, à un moment ou à un autre, de chercher à établir des relations. On voit donc clairement qu'un enseignement des mathématiques ainsi conçu est inévitablement lié à une pratique des méthodes actives au meilleur sens du terme et à une coordination des différents enseignements si l'on veut que la mathématique apparaisse aux yeux des élèves comme l'instrument universel susceptible d'être utilisé pour résoudre les problèmes de n'importe quelle discipline. On peut dire d'autre part que chaque âge a son propre niveau de concret et que si l'enseignement des mathématiques est bien en relation avec l'évolution psychologique du pré-adolescent et de l'adolescent, celui-ci aborde de nouveaux domaines de plus en plus complexes avec des méthodes de plus en plus fécondes... Nous retrouvons encore l'unité de la formation de la personnalité, les mathématiques s'intégrant harmonieusement à cette formation et jouant un rôle décisif tout en profitant des progrès psychologiques généraux effectués.

Tout ceci nous conduit à concevoir l'évolution mathématique de l'enfant sous la forme de niveaux d'équilibre et le rôle de l'éducateur sera de tirer le parti maximum de la situation. En tenant compte des possibilités logiques des enfants le professeur devra obtenir le maximum de rigueur compatible avec la situation, s'efforcer de faire prendre conscience aux élèves du point d'arrivée, du chemin parcouru, de l'état de la méthode utilisée, s'assurer que l'acquis n'est ni purement verbal, ni purement formel mais qu'il a été intégré à l'ensemble de la personnalité. Sous cet angle l'éducateur n'est pas seulement un professeur qui enseigne les mathématiques mais il est celui qui cultive la jeune intelligence qui ne demande qu'à se développer. Formation mathématique et formation logique vont de pair. Nous armons notre élève aussi bien pour dominer le réel que pour mieux participer à la vie de l'esprit.

Une formation mathématique complète doit aussi tenir compte des possibilités d'imagination des élèves et cultiver systématiquement une certaine forme d'intuition et un besoin de création sans lesquels le dynamisme de l'évolution n'atteint pas son rythme optimum. Partir du réel, de l'observation et de l'expérimentation sur les choses pour se poser des problèmes mathématiques, retrouver dans la réalité les terrains d'application et mieux comprendre ainsi les phénomènes réels, inventer des problèmes dans lesquels l'originalité n'est pas recherchée aux dépens du sérieux et de la solidité rationnelle constituent des activités hautement éducatives et développent chez l'adolescent une assurance dans l'étude des mathématiques tout à fait favorable et féconde pour l'évolution ultérieure.

Des expériences ont d'ailleurs déjà prouvé la possibilité de développer l'imagination numérique et géométrique des élèves et l'on peut affirmer sans crainte que la pauvreté de certains résultats obtenus dans le second degré est en partie liée au dédain qu'ont certains mathématiciens de l'imagination qui n'est, pour eux, que la folle du logis.

CHAPITRE III

LES OPERATIONS
ET LE CALCUL NUMERIQUE

« Il sait faire ses quatre opérations » disent les parents avec un sentiment de fierté lorsque leur rejeton est capable d'écrire un résultat exact après une multiplication ou une division. Ce résultat, simple en apparence, — et qui laisse croire volontiers que le travail de l'éducateur à ce niveau est relativement facile — n'est en fait que l'aboutissement d'un nombre assez grand de processus psychologiques liés à l'ensemble de l'évolution de la personnalité de l'enfant. La complexité de ce développement est telle que nous pourrions retrouver à ce sujet, si nous le désirions, tous les grands problèmes de l'évolution intellectuelle de l'enfant. Nous nous limiterons à quelques aspects importants et nous nous contenterons d'insister sur les moyens qui permettront aux éducateurs de faciliter cet apprentissage et aux parents de comprendre pourquoi leurs enfants rencontrent telle ou telle difficulté.

Pour les besoins de l'exposé, nous allons distinguer les aspects suivants :

1. La notion générale d'opération arithmétique.

2. Les quatre opérations correspondent-elles à quatre types d'opérations réelles ?

3. Les aspects techniques : comment l'enfant pose et calcule une opération qui lui est proposéè.

I. — LA NOTION GENERALE D'OPERATION ARITHMETIQUE

Précisons tout d'abord l'objet de nos réflexions sur ce point; lorsque l'enfant doit résoudre le problème suivant : quel est le trajet parcouru par une voiture qui roule régulièrement pendant 5 heures à la vitesse moyenne de 72 km/h ? le travail essentiel consiste, dit-on, à trouver l'opération à faire. Mais comment s'opère le passage de l'énoncé d'un problème (et nous en verrons les différents niveaux) à l'opération qui permet de le « résoudre » ? C'est peut-être une des questions les plus importantes de l'initiation aux mathématiques parce qu'il s'agit bien là du problème logiquement le plus simple, ce que les maîtres appellent volontiers le problème à une opération; résoudre le problème, dans ce cas, c'est d'abord trouver l'opération à faire. D'une façon plus générale nous devons analyser les différentes étapes qui vont de l'action exécutée par l'enfant (j'ai 3 billes dans une main et 2 dans l'autre, je les réunis) à l'expression $3 + 2 = 5$.

L'enfant agit et il faut qu'il agisse. Dans ses jeux, dans ses activités les plus simples il est amené à réaliser concrètement des problèmes qui pourront devenir l'objet de problèmes scolaires. Toutes les activités de regroupement, de séparation, de classement... peuvent donner lieu à une réflexion, à une prise de conscience comme l'ont très bien montré les partisans des mathématiques modernes. Le problème pédagogique consiste donc à aboutir à une liaison entre une activité déterminée, réellement faite ou imaginée, et sa traduction dans un certain langage, langage utilisant ses signes propres ($+$, $-$, $\times$, $:$), ses formules propres (phrases utilisées par les élèves dans la rédaction des solutions). Un excellent professeur de mathématiques nous le rappelle d'une façon précise (¹) : « Il se trouve ainsi que les premiers chapitres de la mathématique supérieure enseignent précisément, sous forme abstraite, ce que la maîtresse du jardin d'enfants fait observer à ses petits élèves pour leur apprendre à penser. »

Le problème n'en est pas pour autant résolu mais nous pouvons, quelle que soit l'opération en question, indiquer les étapes par lesquelles l'enfant doit passer pour assurer la construction solide des bases mathématiques.

Nous distinguerions volontiers plusieurs aspects parce que nous ne discuterons pas ici s'il s'agit réellement d'étapes ou de processus contemporains; nous distinguerons 6 aspects principaux de ce processus.

Aspect n⁰ 1 : L'action elle-même. Il faut que l'enfant manipule, qu'il manipule encore. Non pas simplement pour le plaisir de manipuler, parce que sur ce sujet d'éminents psychologues comme J. Piaget ont montré que la manipulation ne se suffisait pas à elle-même tout en étant nécessaire. Si l'on veut que, plus tard, l'enfant puisse « réfléchir », c'est-à-dire se représenter certaines des actions indiquées dans un problème, il faut, et ceci semble être une vérité de La Palisse, qu'il ait d'abord fait et refait concrètement les opérations qu'il doit se représenter. La plupart des programmes et les instructions qui les accompagnent insistent tous sur ce point : « ... Partout l'opération manuelle doit précéder l'opération arithmétique. »

Aspect n⁰ 2 : Mais l'action ne suffit pas, disions-nous il y a un instant. Celle-ci doit être accompagnée du langage; celui-ci est donc en même temps acquis; action et langage se soutiennent mutuellement. C'est ainsi que le très jeune enfant apprend le vocabulaire fondamental de la langue mathématique, qu'il utilise les premières expressions qui décrivent l'action en train de se faire. « J'ai 3 billes dans

(¹) L. FELIX, *Mathématiques nouvelles ∩ enseignement élémentaire.*

une main et j'ai 2 billes dans l'autre; je les mets toutes dans la même main, c'est-à-dire que je les réunis; j'ai donc maintenant 5 billes dans la main; c'est le résultat de la réunion. » Nous insistons sur l'importance de ces exercices qui assurent une liaison très solide entre plusieurs aspects de la pensée mathématique naissante : l'action concrète, l'expression de cette action concrète en un langage que l'on peut commencer à appeler langage mathématique, l'acquisition du langage propre à la mathématique. Chaque expression prend alors son vrai sens puisqu'elle est associée à une action réelle et, inversement, les différentes actions commencent à se grouper puisque certaines d'entre elles se « racontent » de la même façon. Il n'y a donc aucun mystère de la « compréhension mathématique » à ce niveau; il faut et il suffit que l'éducateur, ou les parents, s'arment de patience et de courage pour reprendre les différents exercices sous des formes variées afin d'assurer solidement les liaisons indiquées il y a un instant. La « compréhension mathématique » à ce niveau se ramène à ces possibilités d'établir une relation entre certaines actions concrètes et leur expression dans un langage qui est à peu près celui que connaît l'enfant à cet âge.

Aspect n° 3 : Lorsque l'enfant est capable d'associer dans le présent une action réelle et une expression verbale l'éducateur peut passer à un autre niveau qui pourrait être appelé avec P. Janet : la conduite du récit. A ce moment, et à ce moment seulement, l'enfant peut raconter sans les faire, les différentes actions qu'il a exécutées. Dans un second temps, en quelque sorte, l'éducateur amène l'enfant à redire ce qu'il disait en présence du matériel, des objets et des choses et ceci avec un intervalle de temps de plus en plus grand. Dès lors, le langage de l'enfant n'a rien d'artificiel puisqu'il traduit uniquement une expérience réelle de celui-ci. Mais le geste fait sans l'objet, le langage prononcé en dehors de la situation ont des propriétés psychologiques importantes comme l'a très bien montré

H. Wallon : « Le geste peut donc rendre comme présent l'objet absent et s'y substituer... Le geste peut encore être un moyen d'établir des analogies qui pourraient difficilement se formuler autrement. » Et, plus loin, le même auteur précise : « La tendance à unir entre elles des impressions diverses au moyen d'un signe commun utilise donc le geste. Les situations, au lieu de rester particulières, sont ainsi groupées, parfois plus ou moins confondues dans des séries analogiques, quand elles se prêtent à la répétition de la même action devenue familière à l'enfant. » (*De l'acte à la pensée,* page 133).

Aspect n° 4 : Cette conduite du récit qui s'applique à des situations vécues par l'enfant et rappelle exactement les éléments concrets des situations réelles peut être complétée, enrichie, transposée sur un plan plus élevé par rapport à l'ascension vers la présentation et la pensée mathématiques. Il nous est difficile de dire avec précision comment se situe cet aspect n° 4 par rapport aux autres; dans certains cas il pourra déjà apparaître au niveau 3, d'autres fois il constituera une étape ultérieure, d'autres fois encore il pourra être mêlé au niveau 1 ou 2. Ce qui apparaît ici c'est la possibilité d'une forme d'abstraction par une traduction éloignée de la réalité. Déjà au niveau précédent le langage et le geste qui pouvait l'accompagner constituaient une certaine abstraction, une certaine traduction d'un domaine (domaine n° 1) en un autre (domaine n° 3). Ici on peut introduire une schématisation de la réalité en utilisant un matériel non figuratif : bûchettes, jetons, éventuellement réglettes et autre matériel. L'importance de l'introduction de ce matériel non figuratif réside dans le fait que les actions concrètes vont perdre de leur originalité, de leur contingence et que les rapprochements vont apparaître en pleine lumière. Le geste, dont Wallon montrait ci-dessus l'importance pour la mise en évidence des analogies, devient encore plus clair parce qu'il se fait dans des conditions dépouillées et avec un matériel identique pour toutes les situations. Nous savons que la tentation est grande, pour les éducateurs et les parents, de brûler les étapes et d'aller immédiatement aux bûchettes ou jetons qui « représentent » si clairement pour l'adulte ce que nous voulons expliquer à l'enfant; mais il faut résister si l'on veut que le langage mathématique ait un sens pour l'enfant et si l'on veut bien construire avec lui cet édifice qui doit plonger toutes ses racines dans une expérience réelle du jeune élève.

Aspect n° 5 : Si nous continuons sur ce chemin de la schématisation progressive, de l'abstraction grandissante nous allons faire traduire toutes les situations vécues par l'enfant dans un autre langage : celui du graphisme. Nous pourrions ici faire encore des remarques analogues à celles qui ont été faites précédemment en ce qui concerne l'ordre à adopter; quoi qu'il en soit nous pouvons aider l'enfant à construire ses analogies en lui faisant dessiner schématiquement les situations qu'il a rencontrées et qu'il a décrites en langage mathématique. Ce langage graphique peut aller du dessin le plus concret jusqu'à la traduction par des schémas simplifiés (images des jetons ou des paquets de bûchettes). A ce stade nous pouvons faire remarquer, comme l'indique le schéma ci-après, que les processus doivent être à double sens : aller de l'opération concrète à la traduction par le dessin mais aussi « redescendre » de la traduction simplifiée et schématisée vers l'opération concrète. Ce double mouvement dialectique, comme diraient les platoniciens, est essentiel et, malheureusement, trop souvent négligé. Ce va-et-vient de la pensée est fondamental dans la formation mathématique et, dès cet âge, il faut le provoquer. L'enfant apprend donc à exprimer et à traduire les actions qu'il fait mais, inversement, on développe chez lui une certaine forme de l'imagination mathématique (et voir son importance dans les chapitres ultérieurs); on assure en même temps les relations entre les différents plans de la réalité et de la pensée. Il n'est pas

exagéré de dire que beaucoup d'inadaptations mathématiques dues à un manque d'intérêt ont ici leur origine
parce que l'enfant — et plus tard l'élève et l'adolescent —
ne voient plus les liens qui existent entre l'enseignement
formel et la réalité; ils croient que les mathématiques
consistent à parler, en langage hermétique et ésotérique,
de choses qui ne les concernent pas. Assurons donc, dès
cette époque, une liaison solide entre tous les plans sur
lesquels se meuvent et auront à se mouvoir nos élèves.

Le passage de l'action à la traduction symbolique

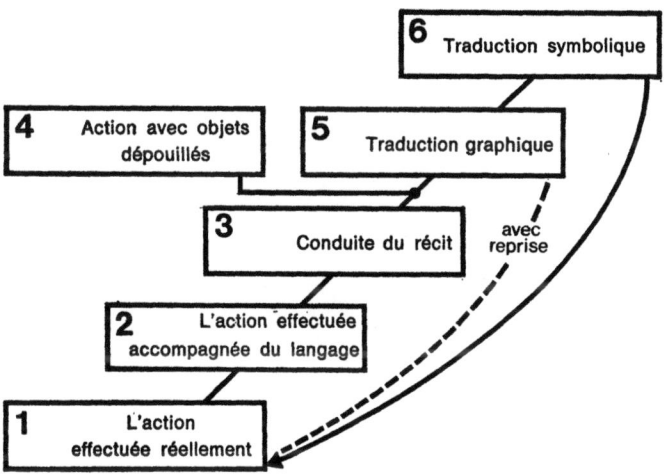

Aspect n° 6 : Lorsque les niveaux décrits précédemment
sont solidement assurés il est alors possible de passer au
dernier stade (au moins en ce qui concerne l'initiation) à
la traduction symbolique de l'opération : 3 + 2 = 5.
L'enfant est en présence d'un raccourci saisissant puisque
l'action concrète très vivante qui consiste à réunir des
objets ou à manger des pommes qui se trouvent dans un

compotier se ramène en fin de compte à s'exprimer au moyen de quelques petits signes qui séparent les données numériques. A ce niveau encore il faut distinguer l'acquisition de cette nouvelle forme de langage graphique que constituent les signes mathématiques simples utilisés, du point d'arrivée de tous les processus mis en jeu antérieurement. Et ceci est important pour l'analyse des échecs à ce niveau et pour le choix des exercices à faire faire à l'enfant pour lui éviter de perdre pied au moment de cette toute première initiation mathématique. Au moyen de très nombreux exercices « ascendant » et « descendant » (voir ci-dessus) une liaison particulièrement solide doit s'établir entre l'action et l'ensemble graphique $3 + 2 = 5$; l'enfant doit être capable, étant donné une opération concrète simple, de faire la traduction en termes d'opération mathématique. Inversement, devant $3 + 2 = 5$, l'enfant doit être capable d'indiquer une action concrète simple répondant à cette formule mathématique. C'est ici l'aspect « abstraction » qui est important au sens où abstraction signifie ici traduction, passage d'un plan de réalité à un autre plan de réalité. C'est, en fait, ce que l'on appelle la « compréhension des opérations ». Nous voyons clairement qu'il ne s'agit pas d'apprendre à faire faire des opérations aux enfants et de se poser ensuite le problème pédagogique : comment leur faire comprendre le sens des opérations ? Le processus que nous indiquons ici est exactement le contraire et le problème de la compréhension des opérations ne doit pas, dans cette perspective, se poser. L'enfant ne « pose » une opération que dans la mesure où il signifie ce qu'elle exprime, ce qu'elle traduit. Et l'éducateur aura pu s'en assurer au cours des exercices de va-et-vient tels que nous les avons décrits ci-dessus. Le second aspect auquel nous faisions allusion tout à l'heure est relatif à l'acquisition du langage mathématique lui-même constitué par les signes, la disposition graphique de l'opération. Au niveau n° 2 le langage parlé était associé à l'action (je réunis, je divise, j'enlève...); maintenant il

faut mettre en relation une série de situations et 4 signes :
+, ×, —, : . Nous verrons ultérieurement les problèmes
que cela soulève.

C'est ici qu'il faut insister sur l'importance de ce mouvement de va-et-vient en ce qui concerne la « réversibilité »
des opérations. Les grands psychologues de l'enfant, J. Piaget en particulier, ont mis en évidence l'importance de la
réversibilité de la pensée dans l'évolution et le psychologue
genevois n'hésite pas à mettre sur le même plan la réversibilité et l'intelligence. D'une façon très simple et très
concrète, l'éducateur et les parents pourront, au moyen
de nombreuses manipulations, faire naître chez l'enfant la
notion de réversibilité; chaque opération de réunion appelle
immédiatement l'opération de séparation afin qu'au moment où les notations symboliques seront introduites, les
opérations suivantes correspondent à une même réalité
vue sous des angles différents :

$$3 + 2 = \qquad 5 - 2 = \qquad 3 + . = 5 \qquad 5 - . = 3$$
$$2 + 3 = \qquad 5 - 3 = \qquad 2 + . = 5 \qquad 5 - . = 2$$

Il est bon que l'enfant soit habitué à trouver, pour toutes ces formes des problèmes à propos des mêmes réalités.
Ces exercices seront excellents pour assurer la liaison entre
toutes les opérations elles-mêmes et pour favoriser le développement de sa pensée.

Nous voudrions ici ouvrir une petite parenthèse, afin
de proposer une hypothèse susceptible d'expliquer, à notre
sens, la différence de quelques mois qui existe entre ce que
l'on appelle l'âge de la lecture et l'âge du calcul. Les psychologues et les psycho-pédagogues s'accordent à penser
qu'il existe un petit décalage de quelques mois entre les
deux âges : l'âge de la lecture précéderait celui du calcul
de quelques mois (2-3 environ). Les deux séries d'activité
sont pourtant très voisines : partir d'une certaine réalité
et traduire celle-ci dans un autre langage :

langage oral   → traduction → langage écrit
action concrète → traduction → opération mathématique

Il y a pourtant quelques différences et il nous semble que c'est cette activité de contraction qui rend plus difficile l'arrivée au dernier stade dans le cas du calcul. Quand l'enfant apprend à lire (^{1}) la traduction graphique épouse à peu près l'expression orale; les différences, liées aux règles orthographiques et phonétiques, sont relativement faibles. Dans le cas du calcul on peut dire que l'on passe d'une échelle à une autre; tout le récit de l'enfant : « j'ai 3 billes... » qui correspond à une action qui a duré dans le temps, se ramène à une traduction courte, à une contraction de tout le réel et à une schématisation très poussée. Si la fonction symbolique est à l'œuvre dans les deux cas, elle n'agit pas sur des éléments et processus psychologiques de même durée et l'on peut comprendre par-là que l'accession à la traduction mathématique soit un peu plus difficile pour l'enfant que l'acquisition de la langue écrite.

Il est évident que l'évolution de tous ces processus psychologiques qui aboutissent à l'opération mathématique ne peuvent être étudiés indépendamment de l'évolution générale de l'intelligence et de la personnalité. Nous n'allons pas ici présenter les très beaux travaux des grands psychologues qui nous permettent de mieux comprendre la dynamique de ces processus (voir les travaux de Piaget, de Rey, de Mlle Inhelder, par exemple). En termes simples, la vitesse d'évolution varie avec chaque enfant et si l'on peut parler de vitesse moyenne il faut noter une grande dispersion dans les résultats; il sera donc très important que l'éducation et l'apprentissage des débuts du calcul tiennent compte des niveaux et des rythmes personnels. Le problème pédagogique n'est pas d'amener dans

---

(^{1}) Voir G. MIALARET, *L'apprentissage de la lecture*: étude psycho-pédagogique, P.U.F.

un même temps les enfants à des niveaux différents; il est d'amener, en des temps variables, tous les enfants à un certain niveau : ici, celui de ce que nous appelons la compréhension des opérations. Si l'ensemble des processus indiqués ci-dessus n'est pas parfaitement assimilé, si les fondements des mathématiques ultérieures ne sont pas solidement assurés, l'édifice se construira sur du sable et l'éducateur sera amené à rencontrer des difficultés qu'il aura lui-même en quelque sorte créées par son impatience ou son désir d'aller trop vite. Attachons donc beaucoup d'importance à ces débuts de l'initiation au calcul puisque nous sommes en présence d'une activité psychologique fondamentale pour la formation de l'esprit mathématique.

II. — OPERATIONS CONCRETES ET OPERATIONS MATHEMATIQUES

Nous reprenons ici en fait un des points soulevés dans les paragraphes précédents pour en tirer d'importantes conséquences pédagogiques; il s'agit du passage de l'opération concrète à l'opération mathématique. En termes plus mathématiques on pourrait se demander s'il y a une relation bi-univoque entre les opérations concrètes et les quatre opérations mathématiques. Sous cette forme la réponse est immédiatement négative. On pourrait alors penser qu'aux grandes catégories d'opérations concrètes il est possible de faire correspondre l'une des quatre opérations élémentaires. Ceci n'est pas aussi simple pour l'enfant et une grande partie des débuts de l'initiation au calcul va consister, justement, à établir la relation qui existe entre l'opération concrète et l'opération mathématique; en termes clairs : devant un petit problème simple, quelle opération faut-il faire ?

Précédemment nous avons essayé de montrer quelles étaient les étapes générales qui permettaient à l'enfant de passer de l'opération concrète à l'opération mathématique sur le plan général; essayons maintenant de préciser notre position par rapport à chaque opération.

Faisons pourtant remarquer, avant d'aborder notre problème, que si l'opération arithmétique porte sur des nombres, l'enfant éprouve certaines difficultés à extraire ces nombres de leur contexte, contexte qui peut être celui d'un petit problème, par exemple. Nous savons bien que les mathématiciens nous répondront qu'en fait les enfants doivent travailler sur les cardinaux des ensembles et que s'ils ont bien compris ce qu'est un ensemble et son cardinal cette difficulté doit disparaître; ceci est, évidemment, le point de vue du mathématicien et nous ne le contestons pas. Mais le psycho-pédagogue — sans pour cela ignorer ou mépriser les mathématiques — ne peut pas ne pas constater certaines difficultés non encore résolues par les enfants à ce niveau. Lorsque les ensembles à considérer sont constitués par des objets de même nature, les opérations à faire sur les cardinaux apparaissent plus clairement aux enfants que dans le cas où les ensembles sont constitués par des objets très différents. Pour illustrer notre pensée et aussi pour la rendre plus intelligible au lecteur, discutons à partir d'exemples précis. Voici quelques problèmes qui, mathématiquement, sont rigoureusement analogues mais qui pourtant se situent à des niveaux de difficulté psychologique assez différents (afin de gagner de la place, nous demandons au lecteur de faire un petit effort d'imagination et nous ne faisons que schématiser le problème à résoudre; nous ne prenons, d'autre part, que des exemples relatifs à l'addition) :

boules + boules
poules noires + poules blanches
poules + canard
puce + éléphant

Avant d'aller plus loin on voit le danger d'une mauvaise initiation mathématique qui ne profiterait pas des apports de la théorie des ensembles. Trop souvent on entend dire dans les classes par les maîtres : « vous ne devez ajouter que des choses de même nature ». Dans ces conditions, l'enfant qui suit rigoureusement ces conseils ne peut résoudre que le premier problème. Il est bien certain que la présentation faisant appel à un ensemble de poules noires et à un ensemble de poules blanches que l'on réunit évite les difficultés précédentes puisque le cardinal de l'ensemble est égal, dans ce cas précis puisque l'intersection est un ensemble vide, à la somme des cardinaux de chacun des ensembles précédents.

Mais allons plus loin dans les types de problèmes qui font uniquement appel à la simple addition. Nous rencontrons alors des situations plus difficiles à expliquer avec le schéma précédent :

— Je mets 500 grammes de confiture dans un pot en verre qui pèse 180 grammes; quel est le poids total ?

— Je fais 250 km dans une voiture de course puis 7 km à pied. Combien de kilomètres ai-je faits au total ? (et je laisse de côté les complications telles que celles qui consisteraient à donner la vitesse horaire de la voiture et celle du marcheur à pied).

Dans les deux cas précédents les deux parties en présence correspondent à des expériences concrètes ou à des situations réelles que l'enfant n'arrive pas toujours à mettre sur le même plan pour les négliger et ne considérer que les nombres qui leur sont associés. La confiture l'intéresse et la quantité de confiture a un sens pour lui; peu lui importe le poids du verre pourvu qu'il soit solide. Les kilomètres faits dans une voiture de course n'ont pas la même valeur psychologique que ceux que l'on fait tout seul sur la route; ceux-ci sont plus longs pour le sujet ! D'autre part, l'introduction de conventions (celles du système métrique ici) compliquent les choses pour l'enfant qui n'a pas encore dégagé la structure mathématique de son ensemble concret, de sa gangue en quelque sorte. Le même problème présenté sous une forme ou sous une autre ne provoque pas les mêmes réactions. Voici un exemple précis illustrant cette différence de réaction. Au cours d'une enquête nationale sur les premières opérations nous avons été amenés à poser les deux problèmes suivants (entre autres) à des élèves des cours élémentaires première et deuxième année (de 7 à 9 ans officiellement). On trouvera les pourcentages de réponses exactes obtenues pour chaque classe et pour les garçons et les filles.

	CE 1		CE 2	
	♂	♀	♂	♀
Combien coûtent 3 crayons à 12 fr. l'un ?	62,5	56,3	79,6	75,2
Un cycliste parcourt 12 km pendant 1 heure. Combien de kilomètres parcourt-il pendant 3 h ?	44,6	35,5	66,5	63,1

Les résultats de la première ligne correspondent bien à ceux de la seconde mais avec un décalage qui traduit les difficultés relatives de ces deux problèmes qui ont pourtant, sur le plan mathématique, la même solution. De tels contrôles, qui ont été faits très souvent, nous permettent d'affirmer qu'il n'y a pas une concordance parfaite, pour l'enfant, entre le processus psychologique et le processus mathématique auquel pense l'éducateur ou le mathématicien.

Nous pourrions même aller plus loin puisque, dans certains cas, il y a une véritable opposition entre la réalité et la traduction mathématique; soit le problème : Je dépense 37 francs le matin et 26 francs l'après-midi. Combien ai-je dépensé au total ? En fait on rencontre beaucoup d'enfants qui vivent la dépense comme une soustraction et, en un sens, ils ont raison. Leur perplexité est grande lorsqu'on leur demande de faire une addition. Il faut bien reconnaître qu'en vérité l'opération consiste à faire

$$- (37) - (26) = - 63$$

et le signe — prend ici la signification concrète : ce que j'ai sorti de mon porte-monnaie. Il en est de même des problèmes où il s'agit d'objets cassés; l'addition des nombres correspond à deux soustractions successives.

Nous avons tenu à insister sur ces questions préliminaires afin de bien commencer à mettre en évidence la non-concordance de la progression psychologique et de la progression mathématique. La même opération mathématique peut faire appel à des problèmes se situant à des niveaux psychologiques assez différents et il faut peut-être articuler nos progressions en tenant compte des deux séries d'exigences. C'est un point sur lequel nous reviendrons souvent mais il fallait le mettre en évidence à propos des premières activités mathématiques.

L'addition. C'est, en général, l'opération qui paraît la plus simple pour l'enfant, mais les différences de pourcentages dans les réussites à des problèmes différents montrent bien que tous les problèmes psychologiques ne sont pas encore résolus aux environs de 8-9 ans. Le lecteur trouvera, dans le tableau ci-après, des résultats obtenus au cours de l'enquête dont nous parlions ci-dessus; les pourcentages indiqués ont la signification indiquée précédemment.

	CE 1 ♂	CE 1 ♀	CE 2 ♂	CE 2 ♀
1. Dans un troupeau il y a 13 vaches blanches et 8 vaches rousses. Combien de vaches y a-t-il dans ce troupeau ?	91,4	92,3	96,4	95
2. J'ai parcouru le matin 12 km à bicyclette et le soir 3 km à pied. Combien de km ai-je faits dans la journée ?	75,3	73,5	86,4	81,6

Une remarque analogue à celle qui a été faite à propos des problèmes faisant appel à des données numériques associées à des unités peut être reprise ici.

La soustraction. Les relations entre les situations concrètes et la soustraction sont plus subtiles et donnent lieu à des problèmes différents. Donnons tout de suite les résultats relatifs aux problèmes consacrés à la soustraction.

	CE 1		CE 2	
	♂	♀	♂	♀
3. J'avais 18 fr. dans mon porte-monnaie; j'ai acheté un crayon qui m'a coûté 7 fr. Combien me reste-t-il ?	80,9	79,1	90,8	90,4
4. Je dois parcourir 7 km dans une journée. Le matin je fais 4 km. Combien de km me reste-t-il à faire dans l'après-midi ?	43,2	42,5	69,4	67,2
5. Dans un bidon il y avait 17 litres de vin. Il ne reste plus que 4 litres. Combien a-t-on enlevé de litres de vin ?	76,7	78,8	85,6	88,3
6. Il y avait 12 prunes dans le placard; il n'y en a plus que 8. Combien de prunes a-t-on mangées ?	77,2	76,8	87,5	88,7
7. Jacques a 7 images. Paul en a 12. Combien Paul a-t-il d'images de plus que Jacques ?	43,8	38,1	72,5	69,6
8. On a acheté 14 fr. une marchandise revendue 27 fr. Combien a-t-on gagné ?	34,6	28,5	57,3	48,1

On s'aperçoit que nous sommes en présence d'au moins trois types de problèmes donnant lieu à des pourcentages d'exactitude sensiblement différents. Dans le premier cas, il s'agit de la soustraction permettant de calculer un reste;

on peut dire que les quantités en question sont réelles et présentes : la somme totale, celle que j'utilise, celle qui me reste. La notion de reste se développe de bonne heure chez l'enfant et dès l'école maternelle le jeune enfant est capable d'accéder à cette notion.

Il n'en est pas de même pour les autres aspects de la soustraction. Les problèmes 7 et 8 de la liste précédente ne donnent pas encore des résultats trop mauvais au niveau de la 2e année de l'école primaire mais ce n'est plus, en fait, une soustraction habituelle que l'on demande de faire à l'enfant; il s'agit de trouver le complément du petit nombre qui permette de reconstituer le grand nombre; c'est l'opération du type :

$$17 - ? = 4$$

Nous ne savons que peu de chose sur les processus réels qui sont mis en jeu sur le plan psychologique dans de tels cas; est-ce que l'enfant se rend bien compte qu'il s'agit d'une soustraction à faire ou calcule-t-il son opération sous la forme d'un complément ?

Dans le troisième cas, et les résultats obtenus le montrent bien, il s'agit de quelque chose de bien plus difficile pour l'enfant. On pourrait penser que la présence du mot « plus » dans l'énoncé du premier problème est à l'origine des nombreuses erreurs commises par les enfants; les résultats obtenus par les élèves au second problème montrent bien qu'il s'agit d'une réelle difficulté : celle de la comparaison; l'enfant ne doit pas considérer, l'une après l'autre, les différentes quantités en présence, il faut en même temps considérer les deux nombres et calculer un résultat dont l'interprétation n'est pas toujours très facile.

Notons aussi que dans chacun des cas précédents il y a une différence entre ce que nous faisons dans la pratique en présence de telles situations et l'opération que nous demandons de faire à l'enfant; c'est, en particulier, ce qui se passe à propos de la monnaie. Chez un commerçant, l'enfant voit rendre la monnaie non pas à la suite d'une soustraction préalable mais au cours d'additions successives; si vous achetez 42 francs un objet et que vous donniez un billet de 100 francs pour le paiement, le marchand ne vous dira que très rarement : je dois vous rendre 100 francs — 42 francs, soit 58 francs. Il réagira de la façon suivante : 42 et 3, 45; 45 et 5, 50; 50 et 50 nous font 100. Il faudra donc se méfier en présence de ces petits problèmes simples; étant donné leur simplicité même, le maître aura tendance à faire appel à l'expérience de l'enfant, ce qui est souhaitable et normal; mais certains enfants — et peut-être parmi les plus intelligents, c'est-à-dire parmi ceux qui veulent bien comprendre ce qu'ils font — ne verront pas toujours qu'il s'agit du même problème et, parce que justement ils auront observé et essayé de comprendre, ils poseront une addition alors qu'il s'agit d'une soustraction. Et il faut bien reconnaître que leur erreur a des excuses.

Nous voudrions aussi profiter de ces exemples relatifs à la soustraction pour montrer, à propos d'une autre série de problèmes dits « simples », les précautions qu'il faut prendre pour ne pas amener l'enfant sur de fausses pistes, créer chez lui une inquiétude et le conduire à l'échec. Ce sont tous les problèmes relatifs au prix d'achat, prix de vente et bénéfice. En fait, pour beaucoup de maîtres il n'y a pas de difficulté à partir du moment où l'enfant connaît (après explication c'est vrai, mais justement là la difficulté supplémentaire) la relation classique :

$$\text{prix de vente} - \text{prix d'achat} = \text{bénéfice.}$$

Très souvent on se contente d'expliquer ceci à l'enfant et de le faire jongler avec les formes dérivées : $V - B = A$; $V = B + A$. Essayons de nous mettre dans la situation d'un jeune enfant auquel on apprend à résoudre de tels problèmes en supposant que l'explication reste simple et que l'enfant soit intelligent. Le maître va expliquer à l'enfant qu'un commerçant achète une certaine denrée (prix d'achat); ceci signifie pour l'enfant que l'acheteur sort de l'argent de sa poche. Puis le commerçant vend sa marchandise; du point de vue de l'enfant, c'est de l'argent qui rentre. Le bénéfice est la différence entre les deux sommes en question. Mais pour l'enfant qui veut comprendre, la traduction de ces opérations est la suivante :

— prix d'achat + prix de vente = bénéfice.

On peut objecter que, dans la pratique, ce n'est pas du tout ce qui se passe puisque le système des banques et le crédit permettent de payer les fournitures en partie après les avoir vendues; mais ces considérations ne peuvent pas être présentées à l'enfant et, dans beaucoup de cas, il y a une différence entre les aspects pratiques et concrets que l'on rappelle à l'enfant et la traduction mathématique de ces situations.

Nous insistons sur ces remarques parce que de telles maladresses involontaires de la part des maîtres — et uniquement dues à leur préparation insuffisante en psychopédagogie — sont très souvent à l'origine de l'idée que se font les élèves des mathématiques; on se plaint très souvent qu'ils n'établissent pas de liens entre les problèmes et la réalité ou que les résultats qu'ils donnent à la fin d'un problème semblent être dépourvus de tout bons sens mais ne devons nous pas faire notre mea culpa sur ce point ? Les nombreuses visites que je suis amené à faire dans les classes m'ont persuadé que très souvent les enfants sont détournés de l'enseignement du calcul et des mathématiques parce que des discordances sont créées entre la réalité et l'expression mathématique et tout cet enseignement qui devrait constamment faire appel aux forces vives de l'intelligence se fige et se transforme en un apprentissage de règles à appliquer ou de recettes ne faisant que peu appel à l'intelligence.

La multiplication. La multiplication ne semble pas présenter de difficultés majeures en ce qui concerne la compréhension; assez rapidement l'enfant comprend le sens de l'opération et quelle que soit la façon de la présenter elle est rapidement assimilée. Nous ne nous étendrons donc pas sur ce point. Par contre l'utilisation de la multiplication dans la solution d'un problème ne va pas, pour l'enfant, sans quelques difficultés, surtout lorsque s'introduisent des unités pour caractériser les termes du produit et le produit lui-même. Nous savons ici très bien que l'on multiplie des nombres arithmétiques et non un nombre de kilomètres par un nombre d'heures, mais il faut se rendre compte que dans la pratique journalière des classes cette situation se présente fréquemment. Et ceci est un objet d'étonnement pour certains enfants qui multipliant, comme ils disent, un nombre de francs par heure par un nombre d'heures obtiennent un nombre de francs ! Nous connaissons toutes les critiques que l'on peut adresser à cette façon de faire et nous sommes parmi les premiers à les combattre; mais il n'en reste pas moins que pour beaucoup d'enfants il y a là une difficulté qu'il ne faut pas sous-estimer et négliger ces remarques et fermer les yeux, ce n'est pas résoudre la difficulté.

Signalons enfin, en nous référant à l'enquête dont nous avons donné quelques extraits pour les additions et les soustractions, qu'il semble que la multiplication présente une difficulté plus grande pour les enfants que l'addition ou la soustraction; nous savons que les résultats inférieurs peuvent aussi s'expliquer par l'ordre dans lequel sont présentées ces opérations et le temps passé à faire des additions et des multiplications est plus long que celui passé à faire des divisions, mais dans la pratique les problèmes faisant appel à des multiplications « paraissent » plus difficiles que ceux dans lesquels il suffit d'utiliser l'addition ou la soustraction.

	CE 1		CE 2	
	♂	♀	♂	♀
9. Combien coûtent 3 crayons à 12 fr. l'un ?	62,5	56,3	79,6	75,2
10. Un cycliste parcourt 12 km pendant 1 heure. Combien de kilomètres parcourt-il pendant 3 heures ?	44,6	35,5	66,5	63,1

Une constation est ici encore à faire en ce qui concerne les résultats ci-dessus. La même opération mathématique 12 × 3 donne lieu à des résultats très différents selon le contenu de l'énoncé. Les enfants sont plus familiarisés avec les francs qu'avec les kilomètres; leur raisonnement mathématique n'est pas encore pur et ils n'arrivent pas à dégager de la gangue des données les aspects mathématiques. C'est bien ce processus qui est, à notre sens, au centre de la pédagogie des mathématiques; il faut amener l'enfant à percevoir, à découvrir, à retrouver, à travers des problèmes extrêmement variés les mêmes processus mathématiques. C'est ce point d'arrivée qu'il faut considérer et c'est ce lent cheminement vers la pensée mathématique qui constitue une des difficultés essentielles de la pédagogie de l'initiation au calcul.

La division. Nous retrouverions pour la division les difficultés énoncées pour la multiplication en ce qui concerne les unités. Signalons simplement les deux formes un peu différentes, si nous nous plaçons sur le plan psychologique, sous lesquelles se présentent les problèmes relatifs à la division.

	CE 1		CE 2	
	♂	♀	♂	♀
11. J'ai acheté 5 bonbons pour 45 fr. Combien coûte 1 bonbon ?	30,1	23,2	61,8	58,9
12. Un homme fait 12 km en 3 heures. Combien de kilomètres fait-il en 1 heure ?	38,8	35,2	71,2	67,9
13. Je veux distribuer 12 bonbons à mes camarades. Je donne 4 bonbons à chacun d'eux. A combien de camarades puis-je donner 4 bonbons ?	42,4	37,7	71,5	71,9
14. Combien peut-on faire de paquets de 7 grammes chacun avec un tas de 35 grammes de sable ?	36,3	27,3	64,4	61,4

Dans un cas le quotient et le dividende sont de même nature; dans l'autre le quotient et le dividende ne sont pas de même nature. On remarque tout de suite à l'examen des résultats que dès que l'enfant a la possibilité de se représenter concrètement les éléments du problème, les résultats sont meilleurs (problème n° 15, par exemple); l'exercice sur les paquets de sable introduit une unité du système métrique qui est un facteur de trouble. Notons aussi que le taux d'exactitude est inférieur à ce qu'il est pour les autres opérations et qu'après trois années d'études primaires (à la fin du CE 2 en France), les enfants ne dominent pas encore la résolution des problèmes simples faisant appel à une division. Il est important de noter ces difficultés afin de bien montrer que la progression à adopter doit tenir compte de ces résultats; plus du quart des enfants de cet âge ne sont pas capables de résoudre un problème simple tel que ceux qui sont présentés au cours de cette enquête; avant d'aller plus loin et de faire des exercices plus compliqués, assurons des bases solides pour les efforts ultérieurs.

Conclusion. Tous les commentaires précédents nous amènent à penser qu'il est peut-être nécessaire de dissocier la progression mathématique de la progression pédagogique étant donné les difficultés rencontrées par les enfants et les résultats auxquels ils parviennent. Il nous faut nous expliquer sur ce point car il s'agit, à notre sens, d'un des points les plus délicats de la pédagogie des mathématiques.

Sans attacher une valeur définitive à la classification que nous proposons à titre d'exemple pour illustrer notre pensée, considérons les cas suivants :

— problèmes pour lesquels le pourcentage de bonnes réponses est supérieur à 90 %;

— problèmes dont le pourcentage des bonnes réponses est compris entre 75 et 90 %;

— problèmes pour lesquels le pourcentage de bonnes réponses est compris entre 50 et 75 %;

— problèmes pour lesquels le pourcentage de bonnes réponses est inférieur à 50 %.

Dans le premier cas, nous pouvons affirmer que les enfants savent parfaitement résoudre les problèmes et en conclure que les notions intellectuelles et mathématiques qu'ils impliquent sont bien assimilées.

Dans le second cas, nous sommes en présence d'une acquisition normale.

Dans le troisième cas, on peut affirmer que l'acquisition et que l'assimilation sont insuffisantes; il faut prendre des précautions afin de ne pas continuer la progression pédagogique et courir le risque de voir s'effondrer l'enfant quelque temps plus tard.

Dans le dernier cas enfin, on peut affirmer que les notions sont trop difficiles pour l'âge auquel elles sont présentées et qu'il faut essayer soit de mieux les présenter, soit de retarder le moment de leur étude par les enfants.

Si nous utilisons les numéros indiqués en tête de chaque problème on peut constituer les deux tableaux suivants :

| | Cours élémentaire 1 | | | |
	add.	soustr.	multipl.	divis.
Groupe 1 Sup. 90 %	1			
Groupe 2 75 % - 90 %	2	3.5.6		
Groupe 3 50 % - 75 %			9.11.12	
Groupe 4 Inf. 50 %		4.7.8	10	13.14

| | Cours élémentaire 2 | | | |
	add.	soustr.	multipl.	divis.
Groupe 1 Sup. 90 %	1	3		
Groupe 2 75 % - 90 %	2	5.6	9	
Groupe 3 50 % - 75 %		4.7.8	10	11.12.
Groupe 4 Inf. 50 %				13.14

Il est aisé de constater qu'il n'y a pas une relation rigoureuse entre la difficulté des problèmes et le genre de problèmes; la progression mathématique ne coïncide pas exactement avec la progression psychologique. A part l'addition, toutes les autres opérations apparaissent dans des lignes différentes du tableau. Ceci est bien la preuve que ce n'est pas seulement l'opération mathématique qui détermine la difficulté du problème mais que c'est le type d'opération psychologico-mathématique qui importe. Il est d'autre part frappant de constater la lenteur de la progression et du passage d'un niveau à un autre; en fait il n'y a que le problème n° 9 qui passe du niveau 3 au niveau 2, c'est-à-dire en termes concrets qu'il n'y a que ce problème qui ne pouvait pas être considéré comme acquis au niveau du CE 1 et qui peut l'être au niveau du CE 2. Pendant au moins deux ans on met donc les enfants en présence de problèmes qu'ils ne peuvent résoudre; en d'autres termes, nous les mettons volontairement en situation d'échec. On est alors en droit de se demander si ce n'est pas l'adulte (école, parent et éducateur) qui doit supporter la responsabilité des découragements et des échecs en mathématique. La progression purement mathématique ou, ici, la progression constituée par l'adulte qui fait les programmes ou rédige les livres doit être remplacée par une progression qui considère la difficulté psychologique propre des problèmes et qui procède par révisions, retour en arrière malgré ses allures apparemment illogiques.

III. — LA PRATIQUE DES OPERATIONS

Nous distinguons pour les besoins de l'exposé les différents aspects de la question des opérations. Ici cette distinction n'est pas inutile parce que nous ne sommes pas tout à fait sur le même plan, au même niveau psychologique. L'étude du sens des opérations nous a conduits à examiner comment l'enfant établissait une relation entre une opération concrète ou imaginée et une traduction utilisant une langue spéciale : celle des mathématiques. Nous sommes, avec la pratique des opérations, en présence d'un autre aspect assez différent du précédent : comment donner une suite à l'ensemble des signes écrits $(3 + 2 = 5)$, c'est-à-dire comment trouver le résultat sans faire appel maintenant à l'expérience concrète et directe ? Il s'agit maintenant, soit de connaître un résultat simple (c'est le cas où il s'agit simplement de connaître ses « tables », soit d'addition, soit de multiplication...), soit de résoudre un véritable petit problème mathématique en appliquant une série de règles qui doivent, dans un certain ordre, conduire au résultat.

Etudions tout d'abord le premier cas : celui des tables numériques que tout sujet doit connaître sous peine d'être absolument paralysé devant l'opération la plus simple qui soit. Au cours des premiers exercices et des problèmes dits à une opération, l'enfant doit apprendre presque simultanément à poser correctement son opération et à en trouver immédiatement le résultat. Tant que les nombres ne sont pas très grands, la seule difficulté tient à la connaissance aussi parfaite que possible des fameuses tables. Si nous nous plaçons dans le meilleur des cas, c'est-à-dire celui où nous supposons que l'enfant comprend parfaitement ce qu'il fait et qu'il comprend très bien le sens de l'opération qu'il pose, il faut lui faire apprendre les résultats qui constituent les tables d'addition et des tables de multiplication. S'il est vrai que les résultats doivent être rattachés à une expérience concrète chaque fois que cela est possible, on ne peut pas dire que l'enfant devra avoir réalisé toutes les opérations qui conduisent, par exemple, à tous les résultats de la table de multiplication. On peut à la rigueur le demander pour la table d'addition, mais le bon sens nous commande de ne pas aller plus loin. Il faut donc rechercher les méthodes pédagogiques les plus efficaces, les plus rapides et les plus attrayantes pour obtenir une connaissance précise et rapidement mobilisable de tous les résultats. Nous allons donc indiquer les grandes lignes autour desquelles peuvent se grouper les différents exercices qu'il faut faire faire à l'enfant pour lui donner cette sécurité numérique (sur laquelle nous reviendrons ultérieurement) indispensable à son évolution mathématique.

Cas des tables d'addition

Si nous laissons de côté les aspects très pratiques (matériel à utiliser et procédés pratiques) nous indiquerons pourtant les étapes qui nous paraissent les plus importantes à respecter. Il nous paraît très important que les enfants connaissent parfaitement tout d'abord les différentes compositions et décompositions d'un nombre. En rappelant ce que nous avons déjà dit plus haut sur les groupements des opérations, c'est-à-dire que chaque opération doit être connue sous toutes ses formes :

$$5 + 3 = 8 \quad 3 + 5 = 8 \quad 8 - 5 = 3 \quad 8 - 3 = 5$$

L'enfant doit arriver à posséder d'une façon automatique les tableaux suivants de résultats :

$$1 + 1 = 2$$
$$3 = 2 + 1 = 3 + 0$$
$$4 = 4 + 0 = 3 + 1 = 2 + 2$$
$$5 = 5 + 0 = 4 + 1 = 3 + 2$$
$$6 = 6 + 0 = 5 + 1 = 4 + 2 = 3 + 3$$
$$7 = 7 + 0 = 6 + 1 = 5 + 2 = 4 + 3$$
$$8 = 8 + 0 = 7 + 1 = 6 + 2 = 5 + 3 = 4 + 4$$
$$9 = 9 + 0 = 8 + 1 = 7 + 2 = 6 + 3 = 5 + 4$$
$$10 = 10 + 0 = 9 + 1 = 8 + 2 = 7 + 3 = 6 + 4 = 5 + 5$$

A partir de ces résultats bien connus on peut pratiquer, au fur et à mesure des acquisitions, des exercices de regroupements tels que

$$\begin{array}{llll} 1 + 2 & 2 + 2 & 3 + 2 & 4 + 2... \\ 1 + 3 & 2 + 3 & 3 + 3 & 4 + 3... \end{array}$$

Dès que la structure de la numération décimale est présentée il faut généraliser ces connaissances pour bien les faire assimiler et pour montrer leur utilisation; c'est à cette époque qu'il faut apprendre à l'enfant à jongler avec des exercices tels que :

$$\begin{array}{lllll} 3 + 4 & 13 + 4 & 23 + 4 & 33 + 4 & 43 + 4... \\ 7 - 4 & 17 - 4 & 27 - 4 & 37 - 4 & 47 - 4... \end{array}$$

Une autre généralisation doit porter sur les opérations faites sur le nombre de dizaines. Des résultats

$$6 = 6 + 0 = 5 + 1 = 4 + 2 = 3 + 3$$

on peut passer à

$$60 = 50 + 10 = 40 + 20 = 30 + 30$$

On arrive enfin à la généralisation la plus complète avec des opérations faites de tête telles que

$$25 + 32 = 57$$

les enfants ayant appris à décomposer de la façon suivante :

$$25 + 32 = 20 + 5 + 30 + 2 = 20 + 30 + 5 + 2 = 50 + 7 = 57$$

Tous ces exercices faits en calcul mental sont excellents pour donner une sécurité psychologique aux élèves et pour leur apprendre à se « promener » dans notre système décimal. Ils doivent être répétés un très grand nombre de fois et être conduits d'une façon très « sportive » pour que les enfants acquièrent l'automatisme le plus complet (il reste toujours entendu que cet automatisme parfait n'est qu'un résultat final mais qu'à chaque instant l'enfant doit être capable de rappeler les démarches logiques qui permettent d'expliquer les résultats qu'il obtient).

Une autre étape est constituée par l'étude des opérations qui « enjambent » les dizaines. La base solide qu'il faut construire avant d'aller plus loin est celle constituée par l'étude des 20 premiers nombres. L'enfant à cette époque connaît déjà un sous-ensemble des décompositions d'un nombre; soit 17 : il doit savoir, et ceci est important, que 17 se décompose en parties comme 10 + 7 et il doit faire le raccord avec le tableau précédent :

$$17 = 17 + 0 = 16 + 1 = 15 + 2 = 14 + 3$$

On introduit dès lors un autre ensemble de décompositions liées à la dizaine. En partant de $17 = 10 + 7$, on va descendre ainsi : $17 = 10 + 7 = 9 + 8$. Comme précédemment on généralisera dès que possible pour bien montrer l'analogie :

$$17 = 9 + 8 \qquad 27 = 19 + 8 \qquad 37 = 29 + 8...$$

On voit donc comment se construisent chez l'enfant à la fois les deux séries de résultats : l'analyse d'un nombre en ses différentes parties et les tables d'addition. L'important est de mettre en évidence la structure de notre numération décimale et d'apprendre à l'élève à appliquer, dans des situations analogues, les résultats obtenus. Toutes ces acquisitions doivent être parfaites et atteindre un niveau d'automatisme élevé. Nous nous permettons de donner ici quelques conseils pour bien montrer les différents exercices permettant d'aboutir à cet automatisme numérique. Au moment des révisions et de l'étude des tables d'addition on peut procéder ainsi avec les enfants :

0	1	2	3	4	5	6	7	8	9
					$+5$				
5	6	7	8	9	10	11	12	13	14

Après l'étude on oblige l'enfant à un effort de mémorisation en cachant la ligne inférieure :

0	1	2	3	4	5	6	7	8	9
					$+5$				
?	?	?	?	?	?	?	?	?	?

Le maître peut procéder d'abord dans l'ordre, puis tout en laissant les choses en place, modifier l'ordre des interrogations. Une nouvelle série d'exercices consiste à changer l'ordre des nombres de la première ligne pour obtenir les réponses exactes quelles que soient les opérations proposées. Répétons ici encore que ces exercices doivent se faire dans les deux sens : du haut vers le bas pour l'addition, du bas vers le haut pour la soustraction.

Pour résumer tous les résultats et permettre aux enfants de les retrouver en cas d'oubli, on peut les habituer à utiliser la table de Pythagore pour les additions; c'est en même temps les habituer à utiliser un tableau de nombres construit suivant des règles mathématiques précises; des exercices d'observation peuvent aussi être faits à partir

0	1	2	3	4	5	6	7	8	9
1	2	3	4	5	6	7	8	9	10
2	3	4	5	6	7	8	9	10	11
3	4	5	6	7	8	9	10	11	12
4	5	6	7	8	9	10	11	12	13
5	6	7	8	9	10	11	12	13	14
6	7	8	9	10	11	12	13	14	15
7	8	9	10	11	12	13	14	15	16
8	9	10	11	12	13	14	15	16	17
9	10	11	12	13	14	15	16	17	18

d'une telle table et l'on fait ainsi découvrir des horizons mathématiques nouveaux.

Grâce à un tel tableau on peut retrouver toutes les les décompositions d'un nombre en deux autres nombres inférieurs à 10 : il suffit de prendre la ligne oblique qui commence et qui se termine à ce nombre dans la première colonne et la première ligne.

Efficacité de l'enseignement. Les chercheurs se sont demandés quels étaient les résultats de cet apprentissage et ont cherché à mesurer le rendement réel de l'enseignement des tables d'addition. En d'autres termes, ils se sont posés le problème suivant : étant donné un nombre N d'opérations courantes (un choix systématique de ces opérations est fait pour que toutes les difficultés se retrouvent dans les épreuves), quel est le nombre « n » d'opérations faites correctement; en d'autres termes, quel est le pourcentage de réponses exactes ($n/N \times 100$) obtenues aux différentes périodes de la scolarité ?

S. Roller, directeur du laboratoire de pédagogie expérimentale de Genève, a étudié systématiquement ces questions au moyen d'épreuves appliquées dans différentes classes et différentes régions. Nous ne donnerons aucun détail sur les techniques de recherche mais les résultats sont intéressants à considérer. Ne considérons que les résultats obtenus dans une école de Caen au moyen de cette épreuve. Le tableau ci-après donne, pour chaque classe, le pourcentage d'exactitude (résultats obtenus avec les garçons) :

Classe	Année de scolarité	Exactitude
CE 1	2	65,5
CE 2	3	65
CM 1	4	84
CM 2	5	89
CS 1	6	85,5
CFE 1	7	89
CFE 2	8	93

Ces résultats ont été obtenus en 1958 et sont donnés à titre indicatif; ils ne peuvent pas être absolument généralisés à toutes les écoles mais ils nous permettent quelques commentaires importants.

On s'aperçoit que l'acquisition de ces fameuses tables élémentaires d'addition est lente à se faire; il faut attendre la 4e année pour obtenir un pourcentage supérieur à 80 % (si l'on estime, en effet, que 9 enfants sur 10 doivent faire au moins 9 opérations exactes sur 10 pour être satisfait des résultats, ceci correspond à un pourcentage moyen d'exactitude de $90/100 \times 90/100 = 81/100$). Il est donc bon de savoir qu'il faut revenir sans cesse sur ces acquisitions qui seront constamment utilisées dans la suite des activités numériques (multiplication, par exemple); si à tous les niveaux les enfants font des fautes, l'accumulation de celles-ci dépasse rapidement un seuil et tous les progrès ultérieurs sont bloqués et le nombre considérable de fautes décourage l'élève; un effort doit donc être fait pour s'assurer que ces tables soient aussi bien acquises que possible et il ne faut pas hésiter à y revenir tant que les résultats ne sont pas suffisants. Ces exercices doivent d'ailleurs prendre l'aspect de jeux sportifs, de compétition afin d'encourager, d'exciter l'élève à se dépasser, c'est-à-dire à dominer ces tables, à les posséder le plus rapidement possible.

Cas des tables de multiplication

Nous pourrions reprendre à propos de l'étude des différents produits des exercices analogues à ceux qui ont été présentés pour les tables de l'addition; nous serons donc brefs en indiquant simplement les aspects caractéristiques et propres à la multiplication.

Dès l'étude des nombres on peut commencer à développer chez les élèves le sens d'une certaine décomposition qui n'est pas exactement celle de l'addition (et à laquelle on ramène trop souvent les décompositions d'un nombre). Dès que les enfants peuvent comprendre le principe de la multiplication, soit à partir du nombre 4 ou, peut-être mieux, à partir du nombre 6 puisqu'il n'y a pas de confusion possible entre les 2 termes du produit : 2 fois 3 ou 3 fois 2, il faut reprendre l'analyse de tous les nombres dans cette nouvelle perspective et introduire les décompositions résumées dans le tableau ci-après :

$$2 = 1 \times 2 = 2 \times 1$$
$$3 = (1 \times 2) + 1 = (2 \times 1) + 1 = (3 \times 1) = (1 \times 3)$$
$$4 = 2 \times 2 = (3 \times 1) + 1 = (4 \times 1) = (1 \times 4)$$
$$5 = (2 \times 2) + 1 = (3 \times 1) + 2 = (4 \times 1) + 1$$
$$6 = 3 \times 2 = 2 \times 3 = (5 \times 1) + 1 = (4 \times 1) + 2$$
$$7 = (3 \times 2) + 1 = (2 \times 3) + 1 = (4 \times 1) + 3 = \\ (5 \times 1) + 2 = (6 \times 1) + 1$$
$$8 = 4 \times 2 = 2 \times 4 = (7 \times 1) + 1 = (6 \times 1) + 2 = \\ (5 \times 1) + 3 = (3 \times 2) + 2$$
$$9 = 3 \times 3 = (8 \times 1) + 1 = (7 \times 1) + 2 = \\ (6 \times 1) + 3 = (5 \times 1) + 4 = (4 \times 2) + 1 = \\ (2 \times 4) + 1$$

A partir de la deuxième dizaine, on peut se limiter à la décomposition des nombres dans lesquels n'apparaissent que les nombres inférieurs à 10, tout en demandant aux enfants, à titre d'exercices, de faire par exemple : ·

$$17 = (17 \times 1) = (16 \times 1) + 1 = (15 \times 1) + 2 =$$
$$(14 \times 1) + 3 = (13 \times 1) + 4 = (12 \times 1) + 5 =$$
$$(11 \times 1) + 6 = (10 \times 1) + 7 = (9 \times 1) + 8 =$$
$$(8 \times 2) + 1 = (7 \times 2) + 3 = (6 \times 2) + 5 =$$
$$(5 \times 3) + 2 = (4 \times 4) + 1 = (3 \times 5) + 2 =$$
$$(2 \times 8) + 1 = 1 \times 17$$

$$10 = (9 \times 1) + 1 = (8 \times 1) + 2 = (7 \times 1) + 3 =$$
$$(6 \times 1) + 4 = 5 \times 2 = (4 \times 2) + 2 =$$
$$(3 \times 3) + 1 = 2 \times 5$$

$$11 = (9 \times 1) + 2 = (8 \times 1) + 3 = (7 \times 1) + 4 =$$
$$(6 \times 1) + 5 = (5 \times 2) + 1 = (4 \times 2) + 3 =$$
$$(3 \times 3) + 2 = (2 \times 5) + 1$$

$$12 = (9 \times 1) + 3 = (8 \times 1) + 4 = (7 \times 1) + 5 =$$
$$6 \times 2 = (5 \times 2) + 2 = 4 \times 3 = 3 \times 4 = 2 \times 6$$

$$13 = (9 \times 1) + 4 = (8 \times 1) + 5 = (7 \times 1) + 6 =$$
$$(6 \times 2) + 1 = (5 \times 2) + 3 = (4 \times 3) + 1 =$$
$$(3 \times 4) + 1 = (2 \times 6) + 1$$

$$14 = (9 \times 1) + 5 = (8 \times 1) + 6 = 7 \times 2 =$$
$$(6 \times 2) + 2 = (5 \times 2) + 4 = (4 \times 3) + 2 =$$
$$(3 \times 4) + 2 = 2 \times 7$$

$$15 = (9 \times 1) + 6 = (8 \times 1) + 7 = (7 \times 2) + 1 =$$
$$(6 \times 2) + 3 = 5 \times 3 = (4 \times 3) + 3 = 3 \times 5 =$$
$$(2 \times 7) + 1$$

$$16 = (9 \times 1) + 7 = 8 \times 2 = (7 \times 2) + 2 =$$
$$(6 \times 2) + 4 = (5 \times 3) + 1 = 4 \times 4 =$$
$$(3 \times 5) + 1 = 2 \times 8$$

$$17 = (9 \times 1) + 8 = (8 \times 2) + 1 = (7 \times 2) + 3 =$$
$$(6 \times 2) + 5 = (5 \times 3) + 2 = (4 \times 4) + 1 =$$
$$(3 \times 5) + 2 = (2 \times 8) + 1$$

$$18 = 9 \times 2 = (8 \times 2) + 2 = (7 \times 2) + 4 = 6 \times 3 =$$
$$(5 \times 3) + 3 = (4 \times 4) + 2 = 3 \times 6 = 2 \times 9$$

$$19 = (9 \times 2) + 1 = (8 \times 2) + 3 = (7 \times 2) + 5 =$$
$$(6 \times 3) + 1 = (5 \times 3) + 4 = (4 \times 4) + 3 =$$
$$(3 \times 5) + 4 = (2 \times 9) + 1$$
$$20 = (9 \times 2) + 2 = (8 \times 2) + 4 = (7 \times 2) + 6 =$$
$$(6 \times 3) + 2 = 5 \times 4 = 4 \times 5 = (3 \times 6) + 2$$

De tels exercices sont très riches sur le plan mathématique; par observation simple on fait remarquer les régularités (augmentation des restes suivant la valeur du diviseur), les relations qui existent et que nous traduisons dans notre langage adulte par les relations :

$$D = (d \times q) + r \text{ avec } r < d$$

On aboutit, en regroupant tous les résultats, à la table classique de Pythagore pour la multiplication :

1	2	3	4	5	6	7	8	9
2	4	6	8	10	12	14	16	18
3	6	9	12	15	18	21	24	27
4	8	12	16	20	24	28	32	36
5	10	15	20	25	30	35	40	45
6	12	18	24	30	36	42	48	54
7	14	21	28	35	42	49	56	63
8	16	24	32	40	48	56	64	72
9	18	27	36	45	54	63	72	81

La connaissance de tous ces produits doit être le résultat à la fois d'un travail de réflexion sur la structure de notre système décimal et le résultat d'un apprentissage systématique. Les deux doivent être menés de front afin que la compréhension aide à la mémorisation et que la mémorisation permette des rapprochements et, par-là, une meilleure compréhension.

Remarquons aussi, arrivés à ce stade, l'intérêt que

l'enfant trouve à se servir de tables. Je me suis toujours demandé pourquoi l'école n'habituait pas plus tôt les enfants à se servir d'instruments mathématiques tels que tables, machines simples à calculer, abaques, règles à calcul... Tout ceci est réservé au domaine de l'adulte comme si notre rôle n'était pas de préparer nos élèves à accéder à notre plan; nous donnons l'impression que tous ces moyens puissants, efficaces et rapides sont notre propriété et que nous ne voulons pas en transmettre le privilège à nos jeunes.

On pourra reprendre pour obtenir l'acquisition parfaite des tables de multiplication des exercices analogues à ceux que nous avons indiqués pour l'addition; nous ne nous étendrons pas sur ce point et nous ne donnerons ici que le rappel des étapes :

1	2	3	4	5	6	7	8	9
				$\times 7$				
7	14	21	28	35	42	49	56	63

Ces premiers résultats doivent aussi être rattachés à l'étude des séries additives :

$$7 + 7 = 14 \qquad 14 + 7 = 21 \qquad 21 + 7 = 28$$
$$28 + 7 = 35...$$

d'où la suite à connaître par cœur :

7,   14,   21,   28,   35,   42,   49,   56,   63,   70

On pourra dès lors imaginer tous les exercices analogues à ceux que nous avons indiqués pour l'addition.

Efficacité de l'enseignement

En utilisant des tests appropriés, S. Roller de Genève a obtenu les résultats résumés dans les tables ci-après. On trouvera pour chaque table le pourcentage des bonnes réponses obtenues au cours des différentes épreuves.

Tables	4e	5e	6e	7e [1]
0	83	89	94	90
1	94	92	100	95
2	94	93	96	97
3	88	91	94	95
4	82	88	93	95
5	89	92	95	96
6	75	83	90	92
7	74	85	90	90
8	68	83	88	88
9	73	85	89	91

[1] Années de scolarité.

Il est aussi intéressant de savoir quels sont les ordres relatifs de difficultés des différents produits; ceci résulte des analyses de Roller et les résultats sont consignés et résumés dans le tableau ci-après.

Les produits ordonnés par ordre dégressif
des moyennes d'exactitude

P.	m	P.	m	P.	m	P.	m
14	97	12	94	45	91	63	75
6	96	16	»	40	90	49	74
8	»	20	»	0	89	72	73
10	»	93	81	88	88	48	72
15	»	2	»	24	86	54	70
25	»	9	»	27	84	64	»
5	95	21	92	28	»	56	65
7	»	30	»	36	83		
3	94	18	91	32	81		
4	»	35	»	42	80		

La pratique des opérations

La pratique des opérations pose des problèmes psycho-logiques bien différents : il s'agit de résoudre effectivement un petit problème mathématique, c'est-à-dire qu'il faut que l'enfant applique certaines règles qui doivent se justifier sur le plan de la mathématique. Calculer une opération c'est résoudre un petit problème. Apprendre à un enfant « à faire ses opérations » c'est essentiellement lui apprendre, après justification de toutes les démarches, à procéder d'une certaine façon pour s'assurer que les résultats seront bons. Nous voulons dire par-là que l'on peut concevoir un parallélisme possible entre l'acquisition des tables et le calcul des opérations; il n'est pas nécessaire que l'enfant possède parfaitement toutes les tables que nous venons d'indiquer avant de commencer à faire des opérations plus complexes; le maître pourra mener de front ces deux séries d'acquisition, l'une évidemment précédant l'autre au début au moins.

Les difficultés mathématiques que l'on rencontre dans la pratique des quatre opérations sont très différentes et de niveaux différents (différences qualitative et quantitative).

Dans tous les cas nous avons une première difficulté au moment où l'enfant doit écrire les nombres sur lesquels il va devoir calculer. Nous savons très bien que les dispositions ne sont pas identiques dans tous les pays et n'ont pas toujours été identiques dans le temps. Il faut donc rechercher les présentations les plus faciles et les plus efficaces, c'est-à-dire celles qui vont conduire au nombre d'erreurs le plus faible. Pour l'addition il nous paraît évident que la présentation verticale est la plus facile et la plus commode et la seule difficulté qui se présente semble être celle de l'alignement des unités du même ordre :

$$3278 \qquad\qquad 3278$$
$$+ \quad 45 \text{ et non } + 45$$

L'élimination complète des erreurs se fera dans la mesure où l'enfant prendra l'habitude oralement ou mentalement de décomposer le nombre en même temps qu'il l'écrit : 3.278, c'est 3 mille, 2 centaines... En ce qui concerne la soustraction, le problème est plus complexe parce que la soustraction n'est pas commutative et l'ordre dans lequel sont placés les nombres n'est pas indifférent. Malgré l'apparence de simplicité ceci pose un problème; quand on demande, par exemple, d'écrire l'opération correspondant au problème suivant : j'enlève 27 de 58, combien reste-t-il ? Tous les enfants, avant un certain âge, n'écrivent pas automatiquement : 58 — 27. Jusqu'à 8 ans, 8 ans et demi, un pourcentage non négligeable écrit immédiatement : 27 — 58. Il en est de même pour la division; dans ce cas même, il s'ajoute une autre difficulté liée à la grandeur relative des nombres; les enfants ont tellement l'habitude de diviser le grand nombre par le petit que si l'ordre doit être inversé pour que la solution corresponde aux données réelles du problème, l'enfant ne réussira pas son problème avant un certain âge.

Ces difficultés sont complexes à analyser en détail et à comprendre. Elles ne peuvent se résoudre que parallèlement à d'autres qui se situent sur le plan psychologique pur : commutativité liée à la notion de réversibilité, notion d'ordre liée à des aspects complexes de la structuration spatiale et temporelle. Ce ne sont pas des difficultés typiquement mathématiques mais elles sont à l'origine de certains processus sans lesquels une formation mathématique ne peut se développer complètement.

Etudions maintenant rapidement les différents problèmes « mathématiques » que nous rencontrons dans la pratique des différentes opérations.

Cas de l'addition : l'addition avec retenue. L'addition sans retenue ne pose pas de problème insurmontable; on additionne les unités avec les unités et l'on trouve des unités... Quand la somme des nombres dépasse 10 il faut alors procéder à une stratégie particulière : n'inscrire que le nombre des unités et « retenir » le nombre des dizaines (ou des centaines). On sait que les plus récalcitrants n'hésitent pas à écrire :

$$\begin{array}{r} 47 \\ + \quad 57 \\ + \quad 24 \\ \hline 1118 \end{array}$$

Tant que nous travaillons sur des nombres de deux chiffres, l'explication reste facile et le vocabulaire utilisé suit de très près la pratique elle-même : j'obtiens 18, c'est-à-dire 8 unités que je « pose » et une dizaine que je « retiens ». Quand on se trouve devant des additions portant sur des nombres plus grands nous devons commencer à nous méfier des mots si l'on ne veut pas introduire dans l'esprit de l'enfant des notions confuses et si l'on veut que l'élève intelligent qui se pose des questions ne soit pas perdu. Prenons l'exemple suivant :

$$\begin{array}{r} 4864 \\ + \, 4859 \\ \hline \end{array}$$

$4 + 9$ ne pose pas de problème : je pose le 3 des unités et je retiens la dizaine. Quand je vais ensuite procéder à l'addition suivante : $1 + 6 + 5 = 12$, je dois prendre certaines précautions; j'obtiens toujours 12 unités mais ce ne sont plus des unités du même ordre; si je me contente de dire à l'enfant : je pose mes deux unités et je retiens une dizaine, l'enfant qui va vous voir mettre cette fameuse dizaine dans la colonne des centaines ne va plus rien comprendre. Il faut bien lui expliquer ici que les dizaines de dizaines sont bien des centaines et nous voyons par cet exemple comment tout se tient dans l'enseignement du calcul. Nous devons réfléchir sur ce point précis parce qu'il soulève un problème général : celui de la maturité nécessaire pour aborder des opérations qui paraissent pourtant très mécaniques. Si l'on ne veut pas, en effet, que l'enfant agisse comme une machine et qu'il ne comprenne rien à ce qu'il fait, si l'on veut que les mathématiques ne soient pas pour lui une sorte de langage formel, inutile, ésotérique, il faut attendre qu'il soit en état de comprendre ce qu'on lui demande de faire; les exceptions à cette règle doivent être peu nombreuses. Tant que l'enfant ne jongle pas avec notre système numérique et que le passage des dizaines aux centaines, que le passage des centaines aux unités de mille... ne se fait pas avec beaucoup de rapidité et de sûreté il vaut mieux attendre avant de vouloir généraliser l'addition avec retenue. Nous nous permettons d'insister sur ce fait parce que nous avons entendu des maîtres et des parents tenir le langage suivant : s'il a compris le principe de l'addition à retenue, il peut faire maintenant n'importe quelle opération. Ceci est à la fois vrai et faux; c'est vrai dans la mesure où le principe est le même quand on passe d'une addition de nombres de deux chiffres à des opérations de nombres de 3 et plus de 3 chiffres; ceci est faux dans la mesure où la généralisation risque de poser des problèmes mineurs à l'enfant, problèmes mineurs qui lui donnent pourtant l'impression qu'il ne comprend pas parfaitement ou que l'automatisme suffit pour répondre à toutes les questions. En calcul, toutes les démarches doivent être aussi claires que possible.

Cas de la soustraction avec retenue. Avec cette opération nous sommes en présence d'un cas très particulier et très intéressant puisque, dans la plupart des cas, nous expliquons à l'enfant des choses qu'il ne peut pas parfaitement comprendre et nous lui faisons acquérir une pratique — et en lui demandant de comprendre — alors que, manifestement, il ne le peut pas. Expliquons-nous sur ce point. Devant l'opération :

$$\begin{array}{r} 52 \\ -38 \\ \hline \end{array}$$

que faisons-nous faire à l'enfant ? Nous lui tenons le langage suivant : 8 ôté de 12, il reste 4; je pose 4 et je retiens 1; 3 et 1, 4; 4 ôté de 5, il reste 1. En termes mathématiques, devant l'impossibilité devant laquelle nous nous trouvons (2 — 8), nous utilisons un théorème mathématique : la différence de deux nombres ne change pas si j'ajoute la même quantité aux deux nombres. J'ajoute donc 10 à 2, ce qui me donne 12. J'ajoute ensuite 10 au nombre 38, ce qui me donne 48 (d'où le 4 qui provient de 3 + 1). L'observation des enfants dans les classes montre que cette façon de faire est difficilement compréhensible par l'enfant. Toutes les explications que nous avons entendues dans les classes ne donnaient pas satisfaction : le maître essaye de faire comprendre que la dizaine que l'on emprunte pour faire 12 (quand il ne disait pas qu'il fallait l'enlever de 5 dizaines réelles !), il fallait l'ajouter aux 3 du nombre inférieur, mais toutes ces explications qui ne voulaient pas rappeler la propriété mathématique fondamentale n'apportaient rien, si ce n'est l'impression de quelque chose de très compliqué; tout compte fait, l'enfant ne « comprenait » pas exactement ce qu'il fallait faire et l'on retombait sur un automatisme non justifié. Comment, à notre avis, procéder ?

Si l'on veut garder les pratiques anciennes, il faut avoir le courage d'aller jusqu'au bout, c'est-à-dire qu'il faut commencer à faire comprendre à l'enfant que a — b = (a + m) — (b + m) et trouver un certain nombre d'exercices permettant à l'enfant de constater cette propriété. Ceci n'est pas très facile mais ce n'est pas impossible. Il faut ensuite l'habituer à des décompositions du genre de celles-ci : 52 — 38 = (52 + 10) — (38 + 10) = (50 + 12) — (30 + 10 + 8) = (50 — 40) + (12 — 8). La justification nous paraît longue et peut-être trop difficile pour des enfants de cet âge. Nous préférons une autre méthode qui aboutit à une autre pratique de la soustraction mais qui a le mérite de pouvoir être complètement expliquée aux enfants et de pouvoir être comprise à tous les niveaux de l'explication. Il s'agit de la méthode dite « méthode de l'emprunt ». Soit la soustraction 52 — 38; l'explication se ramène à 52 — 38 = (40 + 12) — (30 + 8) = (40 — 30) + (12 — 8). Sur le plan pratique, la technique est la suivante : ne pouvant pas retrancher 8 unités de 2, j'emprunte une dizaine au nombre des dizaines : 5 — 1 = 4 et je dis 8 ôté de 12, il reste 4. La retenue est déjà faite, et peut-être inscrite, 3 ôté de 4 (5 — 1), il reste 1. L'avantage de cette explication est de pouvoir donner lieu à une réalisation concrète avec des bûchettes et des dizaines, des centaines…, de pouvoir facilement se dessiner pour assurer une liaison entre l'opération concrète et l'opération mathématique elle-même et de pouvoir être expliquée sans faire appel à des propriétés mathématiques trop difficiles pour un jeune enfant.

Cas de la multiplication. Le problème essentiel de la pratique de la multiplication réside dans le fait qu'il s'agit en fait de plusieurs multiplications successives qu'il faut présenter d'une façon synthétique. Si, comme pour les opérations précédentes, nous traduisons d'abord les opérations à faire en termes mathématiques, nous avons en partant d'un exemple :

$$478 \times 396 = (478 \times 6) + (478 \times 90) + (478 \times 300)$$

On voit donc tout de suite la progression qu'il faut respecter : apprendre à multiplier par un produit n'ayant qu'un seul chiffre, apprendre à multiplier par un nombre de dizaines, de centaines… Pour bien expliquer aux enfants le premier cas, il faut leur faire remarquer :

$$478 \times 6 = (8 \times 6) + (70 \times 6) + (400 \times 6).$$

Si l'on prend soin, plusieurs fois, de disposer l'opération de la façon suivante :

$$
\begin{array}{ll}
8 \times 6 & 48 \\
70 \times 6 & 420 \\
400 \times 6 & 2400
\end{array}
$$

et de montrer que dans la pratique on fait immédiatement toutes les sommes, on peut faire la liaison avec la disposition habituelle :

$$
\begin{array}{r}
478 \\
\times\ 6 \\
\hline
2868
\end{array}
$$

Dans tous ces exercices il faut insister sur la nécessaire intégration de toutes ces pratiques dans l'ensemble de notre système décimal afin qu'ils permettent une meilleure assimilation de celui-ci. Inversement, en présence de difficultés l'éducateur se demandera si la non-compréhension de la pratique d'une opération n'est pas liée à une compréhension insuffisante de système décimal. Nous retrouvons constamment cette idée sur laquelle nous insistons volontiers : tout se tient dans cet enseignement élémentaire et si l'on veut qu'il devienne réellement culturel et qu'il constitue pour les enfants une véritable formation mathématique, il ne faut rien laisser dans l'ombre et rechercher toutes les méthodes permettant d'expliquer les pratiques les plus simples; c'est ainsi que se formera l'esprit de l'enfant et qu'il s'habituera à se poser des questions, que les mathématiques ne seront pas pour lui un jeu vain et formel. Le cas où le multiplicateur est un nombre comportant des zéros ne présente pas de difficulté particulière si l'on a pris soin de donner les explications indiquées ci-dessus; on fait remarquer que, dans ce cas, au lieu de mettre une ligne entière de zéros dans les produits partiels, il suffit de décaler cette ligne d'un cran supplémentaire par rapport aux autres (s'il n'y a qu'un 0 évidemment); l'explication en est facile à donner.

Cas de la division. Il est intéressant de constater, à propos de la division, une différence entre deux progressions d'origines différentes : l'une est celle proposée par les mathématiciens, l'autre est celle proposée par les psycho-pédagogues.

On peut, en effet, analyser les différentes étapes de la progression en fonction de critères purement mathématiques; en fait on applique la théorie de la division avec ses différents théorèmes à la pratique de l'opération ([1]). Les auteurs de manuels aboutissent donc à des progressions logiques et rigoureuses telles que celle-ci ([2]) :

— le diviseur et le quotient n'ont qu'un chiffre;

— le diviseur n'a qu'un chiffre; le quotient en a autant que le dividende (ex. : 96 : 3);

— le diviseur n'a qu'un chiffre, le quotient a un chiffre de moins que le dividende (ex. : 156 : 2);

— diviser par 10, 100, 1.000;

— le diviseur est un chiffre significatif suivi d'un zéro (ex. : 180 : 20);

— le diviseur a deux chiffres; le quotient n'en a qu'un seul (ex. : 197 : 64);

— le diviseur et le quotient ont deux chiffres (ex. : 987 : 21);

— zéro intercalé au quotient (ex. : 7.600 : 25).

Dans une autre perspective, un auteur belge, Mme M.L. Stavaux ([3]), a étudié les difficultés rencontrées par les enfants et grâce à une technique d'analyse efficace a obtenu la classification suivante des types d'erreurs :

TYPES D'ERREURS

A. *Les différents types d'erreurs*

1. R   : Erreur de report.

2. —   : Erreur de soustraction.

3. (X) : Erreur de multiplication.

([1]) Voir sur ce point n'importe quel livre d'arithmétique théorique.

([2]) Voir celle de Bompard, Bourrelier.

([3]) Mme M.L. STAVAUX, *La division écrite des nombres entiers et ses difficultés*, C.C.U.P., Belgique.

4. **EX** : Estimation incorrecte due aux tables.
5. **E.** : Estimation incorrecte du quotient due à d'autres causes.
6. **V** : Omission ou placement incorrect de la virgule.
7. **R** : Omission du zéro au quotient.
8. **q.** : Zéro superflu au quotient.
9. **o** : Zéro superflu ou manquant dans le cours de la division, en laissant de côté le quotient.
10. **co** : Confusion de chiffres.
11. **D** : Dividende partiel de 2 ou 3 chiffres quand 1 ou 2 suffisent.
12. **↓** : Abaissement de chiffres (omission ou erreur).
13. **∅** : Chiffre omis au quotient.
14. **C** : Chiffre inutile au quotient.
15. **R** : Reste supérieur ou égal au diviseur.
16. **Q** : Quotient partiel de 2 chiffres.
17. **P** : Produit du diviseur par le quotient partiel plus grand que le dividende partiel.
18. **ro** : Arrangement pour obtenir zéro comme reste.
19. **d** : Division faite avec le premier ou le deuxième chiffre du diviseur ou alternativement avec le premier et le deuxième.
20. **qq** : Deux estimations successives du quotient sans soustractions intermédiaires.
21. **Δ** : Erreurs de copie.
22. **L** : Opérations restées inachevées.

B. *Les procédés écrits allongeant le travail*

23. **□** : Chiffrages superflus.
24. **!** : Abaissement inutile du zéro final du dividende.
25. **H** : Omissions de barrer un même nombre de zéros finals au dividende et au diviseur.

Efficacité générale de notre enseignement

Nous ne voulons pas submerger notre lecteur de résultats statistiques mais il est important de savoir quels sont les résultats obtenus dans les différentes classes afin de savoir si nos programmes ou nos méthodes sont adaptés aux possibilités d'acquisition de nos enfants. Nous ne prendrons que quelques résultats généraux pour montrer tout ce qui est fait dans ce domaine (trop souvent ignoré aussi bien des parents, que des éducateurs, que des administrateurs !) et nous renvoyons le lecteur intéressé aux publications spécialisées.

Résultats belges (Cf. « Epreuves analytiques d'arithmétique », publiées par l'Institut Supérieur de Pédagogie du Hainaut). Au moment de l'entrée des enfants dans l'enseignement moyen on obtient les pourcentages suivants d'exactitude :

	Enseign. général		Enseign. profession.	
	♂	♀	♂	♀
Addition (Nbs. décimaux) . .	82	87	77	77
Soustraction (Nbs. entiers) . .	83	84	74	81
Soustraction (Nbs. décimaux) .	78	81	68	69
Multiplication : Nbs. entiers .	83	83	83	78
zéros intercalaires	85	87	86	78
facteurs terminés par un 0 .	90	90	90	87
nombres décimaux	71	77	72	68
Division : zéros intercalaires au quotient	66	66	62	41
zéro terminal au quotient .	56	50	45	30
nombres décimaux	50	48	43	27
Zéros inutiles à la multiplication	50	43	43	50

Résultats de Mme Stavaux en ce qui concerne la division (Cf. « La division écrite des nombres entiers et ses difficultés », C.C.U.P., 1953). Epreuve portant sur 105 divisions représentant toutes les difficultés analysées ci-dessus.

1,4 %	des sujets ont un pourcentage d'exactitude de		100 %
21,6 %	»	»	95 %
24,3 %	»	»	90 %
26,1 %	»	»	80 %
14,6 %	»	»	65 %
6,4 %	»	»	50 %
4,1 %	»	»	25 %
1,5 %	»	»	25 %

C'est-à-dire que seulement 73,4 % (1,4 + 21,6 + 24,3 + 26,1) ont un pourcentage d'exactitude supérieur à 80 %. Ces résultats sont obtenus avec des enfants de fin d'école primaire.

Résultats français (Cf. CR. d'enquête faite par la Société A. Binet, le 14 mai 1949).

	Classes de FEP Age moyen		Classes de CC Age moyen	
	12;9	13;11	12;4	14;3
Opérations sur les nombres décimaux :				
Addition	70	83	94	65
Soustraction	77	82	83	83
Multiplication	66	68	47	60
Division	51	69	53	73

Il apparaît bien à la lumière de tous ces résultats que l'acquisition des instruments fondamentaux que représentent les quatre opérations est nettement insuffisante. La sûreté et la rapidité du calcul (nous n'avons pas encore évoqué le problème de la rapidité) sont des éléments importants pour assurer une évolution ultérieure rapide; la non-possession de résultats numériques crée un état d'insécurité peu favorable à la formation mathématique. C'est un point très important sur lequel nous allons revenir.

Le calcul mental et ses conséquences

Nous ne voudrions pas terminer ce chapitre sans dire quelques mots du calcul mental afin de le replacer dans une perspective psycho-pédagogique particulièrement importante et, trop souvent, ignorée. Les exercices de calcul mental ne sont pas rares dans les écoles mais nous pensons qu'il est possible de leur faire jouer un rôle plus profond et d'une fécondité qui dépasse largement les limites du calcul rapide fait sans l'aide de papier ou de machine. Si l'exactitude et la rapidité dans les calculs sont deux conséquences immédiates et importantes des exercices de calcul mental, ce ne sont peut-être pas les plus importantes à nos yeux; nous pensons que la sécurité psychologique et le développement de certaines formes d'imagination mathématique sont des résultats encore plus importants que les précédents.

Des expériences précises ont bien mis en évidence le développement à la fois de la rapidité et de l'exactitude grâce à une pratique régulière du calcul mental. Sans entrer dans le détail des expériences que nous avons eu l'occasion de mener dans ce domaine, nous rappellerons simplement que, au cours d'exercices pratiqués régulièrement au début de chaque classe de mathématique dans des sections du début de l'enseignement du second degré, nous avons obtenu les résultats suivants (expérience qui a duré du 21 février au 31 mai) :

	Moyenne des opérations effectuées	% d'exactitudes
Début de l'expérience	8,09	65,1
Milieu de l'expérience	13,48	85,32
Fin de l'expérience	16,51	90,39

Ces résultats nous ont beaucoup étonné au début et nous avons poursuivi; la rapidité de calcul est passée du simple au double; l'exactitude qui était faible au début a donné des résultats très satisfaisants en fin d'expérience; on peut estimer qu'un résultat de 90 % de réponses exactes nous permet de dire que les enfants calculaient sans faute. Tous ces résultats ont eu des conséquences heureuses sur l'ensemble du comportement des élèves au cours de l'initiation aux mathématiques; la rapidité des calculs, jointe à une meilleure exactitude a éliminé un très grand nombre de fautes que l'on rencontrait au début dans les différents exercices et problèmes.

Mais ce résultat, pour spectaculaire qu'il soit, n'en est pas le plus important. Ce qui nous a paru le plus fécond c'est la familiarisation des enfants avec les nombres, leur combinaison, leurs relations; nous avons pu assister à une sorte de développement de l'imagination numérique qui nous a fortement surpris; non seulement les élèves calculaient vite et bien mais ils n'hésitaient pas à faire appel à des combinaisons de plus en plus éloignées des combinaisons banales et courantes : c'est ce phénomène qu'ont observé tous ceux qui ont obtenu cette familiarité avec les nombres; nous pensons maintenant et d'une façon précise aux classes qui utilisent les réglettes Cuisenaire; tous les observateurs ont signalé la richesse des décompositions faites par les enfants. Pour ne prendre qu'un exemple, les deux opérations 67 + 29 et 73 — 49 ont donné lieu, la première à 24 solutions différentes, la seconde à 9 solutions différentes. En moyenne chaque élève a trouvé 5,7 solutions dans le premier cas et 4,3 dans le second. La floraison des solutions — étonnantes quelquefois — traduit la familiarité des élèves avec la réalité numérique; ils n'abordent plus le calcul avec un sentiment de gêne ou de malaise; plus tard, devant un calcul algébrique, ils rechercheront toutes les solutions possibles afin de résoudre au mieux l'équation. Ajoutons aussi, ce qui n'est pas négligeable, que ces exercices de calcul mental, présentés sous forme de jeux et d'exercices sportifs, créaient une atmosphère de détente et de joie, atmosphère qui n'a pas été étrangère aux bons résultats obtenus dans la classe au cours de cette initiation.

Toutes ces remarques retrouvent des remarques analogues faites par A.M. de Moraes ([1]) et dont nous aurons l'occasion d'utiliser les travaux dans le chapitre suivant : « Les élèves de 3e et 4e années primaires n'ayant en général pas suffisamment maîtrisé les processus des opérations fondamentales, notamment de la multiplication et de la division, rencontrent une vraie difficulté à utiliser ces opérations dans des situations concrètes. De plus, absorbés par les calculs, dont ils n'ont pas encore acquis l'automatisme, ils n'ont pas l'esprit assez libre pour s'appliquer à découvrir la marche à suivre dans la solution des problèmes » (pages 110-111). Ceci justifie l'importance que nous avons voulu accorder aux différentes activités numériques dans une formation mathématique qui se veut cohérente et efficace.

([1]) A.M. de MORAES, *Recherche psychopédagogique sur la solution des problèmes d'arithmétique*, Nauwelaerts, Louvain.

CHAPITRE IV

LA RESOLUTION DES PROBLEMES AU NIVEAU DE L'ECOLE PRIMAIRE

La séparation que nous sommes amené à faire entre ce que nous appelons la résolution des problèmes et le raisonnement mathématique que nous aborderons dans le prochain chapitre peut paraître artificielle mais répond pourtant à la réalité. Dans la mesure où la « résolution des problèmes » fait appel à une activité logique, met en œuvre une forme élémentaire du raisonnement, on peut parler de continuité; dans la mesure, au contraire, où l'objet des problèmes est plus concret dans un cas que dans l'autre, où les processus intellectuels mis en jeu se situent à des niveaux psychologiques différents on peut, pour simplifier la présentation, dissocier les deux études. Nous réserverons donc pour le chapitre suivant ce qui appartient plus particulièrement à ce que l'on appelle couramment « le raisonnement mathématique » et nous étudierons maintenant ce qui relève, en gros, de l'école primaire.

LES PROBLEMES QUE L'ON POSE AUX ENFANTS

Le mot « problème » correspond à des choses bien différentes et il est peut-être utile, dans un premier temps, de savoir quels sont les types de situations que nous proposons à nos élèves quand nous leur demandons de résoudre un problème.

Nous avons tout d'abord ce que nous appellerons le problème guidé avec une ou plusieurs opérations, mais ces opérations sont pratiquement préparées par le texte même de l'énoncé et l'enfant n'a qu'à les juxtaposer dans l'ordre indiqué pour arriver à la solution définitive. Le cas le plus simple est celui du problème à une opération : « Un automobiliste roule à 60 km de moyenne, combien parcourt-il en 3 heures ? » Dans d'autres cas qui ne sont pas qualitativement différents, le problème semble plus compliqué mais, en fait, il n'est que la juxtaposition de petits problèmes élémentaires analogues au précédent. Soit le problème suivant : « Une fermière va au marché et y vend 3 paires de poulets au prix de 15 francs la paire; avec cet argent elle achète 2 casseroles au prix de 17 francs l'unité. Sachant qu'elle avait 10 francs dans son porte-monnaie en partant et que son voyage lui a coûté 6 francs, combien rapporte-t-elle à la maison ? » Malgré l'apparence de complication, il s'agit d'une série de petits problèmes élémentaires qui doivent être presque juxtaposés les uns aux autres pour arriver à la réponse finale. Nous étudierons ultérieurement les problèmes psychologiques posés par ce genre d'exercice. Remarquons simplement que ces problèmes-guidés représentent toute une gamme d'exercices utilisant non seulement les quatre opérations que nous avons étudiées dans notre chapitre précédent mais qu'ils peuvent faire appel à des problèmes « simples » de niveaux très différents. Les deux problèmes « simples » suivants se situent, dans une échelle de difficultés, à des niveaux très différents :

1. Le prix des 3 paires de poulets de l'exemple ci-dessus.

2. Combien je vais payer une marchandise dont le prix indiqué est de 357 fr., sachant que l'on me fait une réduction de 12 %.

On voit donc que ces problèmes-guidés se trouvent dans toutes les classes de l'école primaire avec des contenus différents. Chacun d'entre nous retrouve un problème-guidé au moment de la déclaration des revenus en vue de l'établissement de la feuille d'impôts.

Le problème devient plus « mathématique » si l'on peut s'exprimer ainsi quand la démarche générale permettant d'aboutir à la solution n'est pas indiquée par les termes du problème mais doit être trouvée par le sujet lui-même. Nous sommes bien maintenant sur le plan de la recherche d'une solution à partir d'un ensemble de données et la découverte du chemin à parcourir — ou des chemins possibles — est d'essence mathématique; l'élève doit inventer un détour soit pour exploiter les données qui lui sont fournies, soit pour trouver des données intermédiaires indispensables à la recherche de la solution. Ce processus est très voisin de celui que nous rencontrerons dans le cas d'un problème « mathématique » bien que le contenu du problème ne soit pas le même à l'école primaire et dans l'enseignement du second degré. Illustrons ceci par le problème suivant : « Une fermière va au marché avec 185 fr. dans sa bourse. Elle vend un lapin 290 fr. et un poulet 310 fr. et un canard. Elle achète 582 fr. de tissu et paie, en outre, 75 fr. pour son billet de chemin de fer. Elle rapporte 423 fr. Quel est le prix de vente du canard ? »

Une troisième catégorie de problèmes est constituée par ce que l'on peut appeler les problèmes incomplets ou les problèmes à solutions multiples. L'enfant dispose d'un certain nombre de données et, à partir de ces données, plusieurs problèmes peuvent être résolus ou, quelquefois, inventés. Le cas le plus simple est celui devant lequel se trouvent beaucoup de personnes au moment de faire des projets de voyages. Disposant d'une certaine somme, on recherche toutes les solutions possibles ne dépassant pas la somme indiquée. Dans d'autres cas, on doit préparer un ou plusieurs devis de réparations : selon le choix de telle ou telle solution technique, selon le choix de matériaux de qualités différentes, on se trouve en présence de plusieurs résultats. Tous les projets de budget rentrent dans cette catégorie de problèmes.

Il nous faut enfin signaler une dernière catégorie de problèmes que l'on rencontre encore trop souvent dans les classes : les problèmes à « solution-type ». Nous entendons par-là les problèmes qu'il faut savoir faire ou qu'il faut savoir ranger dans un système pré-établi pour en trouver la solution. C'est le cas des problèmes de « fausse supposition » comme nous disons en France; c'est le cas des problèmes classiques : Dans un tas contenant 27 pièces de monnaie, il y a des pièces de 10 fr. et des pièces de 5 fr.; sachant que la somme totale est de 295 fr., combien y a-t-il de pièces de chaque espèce ?

Chacune de ces catégories de problèmes a son rôle à jouer dans la formation mathématique de l'élève à condition d'en bien connaître le champ d'application et les limites de leur utilisation. S'il est vrai que notre préférence va essentiellement à la deuxième et à la troisième catégorie, il est peut-être nécessaire de faire appel quelquefois aux deux autres catégories indiquées. Mais il est bon que l'éducateur sache parfaitement que ces différentes catégories correspondent à des activités psychologiques très différentes et qu'un enfant qui aurait été habitué à ne faire que des problèmes de la première catégorie peut donner l'impression d'être bon en calcul mais n'aura pas pour autant son esprit mathématique formé réellement. L'utilisation des problèmes de la quatrième catégorie peut donner lieu à une discussion plus subtile; si nous laissons de côté les cas extrêmes (mais qui existent encore malheureusement !) des maîtres qui apprennent à résoudre les problèmes par séries, il n'en reste pas moins que la possibilité de replacer un problème donné dans une classe de problèmes identiques est bien un des aspects de la pensée mathématique. Il ne s'agit pas de pousser à l'extrême ce genre d'exercices mais devenir capable de reconnaître le problème général à travers le problème particulier est déjà un signe de maturité mathématique à ne pas négliger.

CARACTERES GENERAUX DE LA RESOLUTION DES PROBLEMES PAR L'ENFANT

Nous n'entrerons pas dans le détail des méthodes et techniques permettant d'analyser scientifiquement l'activité psychologique des enfants au cours de la résolution d'un problème; disons simplement que toutes les méthodes de la psycho-pédagogie, depuis l'analyse clinique la plus précise jusqu'à l'enquête la plus large et la plus techniquement élaborée sont utilisées. Nous utiliserons les résultats de toutes ces recherches pour enrichir nos observations personnelles et, pour commencer, brossons un tableau général des façons de procéder.

Il faut tout d'abord remarquer qu'il nous est difficile d'utiliser les qualificatifs soit de « logique », soit « d'illogique » pour caractériser la résolution des problèmes faits par les enfants. On peut sans crainte affirmer qu'au niveau de l'école primaire la résolution d'un problème par un enfant est souvent le reflet de sa personnalité, de ses habitudes antérieures. Nous sommes absolument d'accord avec A.M. de Moraes quand elle écrit en conclusion de son étude : « Nous avons pu d'ailleurs constater aussi que la façon de procéder mentalement est particulière à chaque élève, même lorsqu'ils choisissent une marche à suivre identique. Ces faits devront être pris en considération au moment d'élaborer une sérieuse méthodologie de la solution des problèmes d'arithmétique. Rappelons en finissant, que le domaine des problèmes d'arithmétique... peut en fournir des données très riches pour l'étude des caractéristiques individuelles en psychologie différentielle » (p. 112).

Sans vouloir donner ici une classification exhaustive des différentes façons de procéder, nous pouvons pourtant retrouver quelques grandes catégories de comportement. On trouve tout d'abord des élèves qui ont une attitude logique explicite et qui se comportent comme se comporteraient des adultes raisonnant mathématiquement; ces cas, sans être rares, ne sont pas très nombreux et représentent les enfants particulièrement bien doués. Ils sont capables de faire l'analyse du problème et d'expliquer pourquoi ils procèdent de telle ou de telle façon; non seulement leur raisonnement est correct, mais ils peuvent justifier leurs démarches intellectuelles et prennent conscience de toutes leurs façons de procéder.

Dans une catégorie voisine de celle-ci mais légèrement inférieure (dans la mesure où l'on peut classer hiérarchiquement ces différentes catégories) se trouvent les élèves qui sont capables de résoudre correctement le problème sans pouvoir toujours expliquer les raisons de leur façon de procéder; ce manque de prise de conscience des opérations intellectuelles exige, en effet, la possibilité d'un retour sur soi et suppose un certain niveau d'évolution psychologique. Tous les éducateurs ont remarqué que jusqu'à un certain âge les enfants capables de faire un calcul mental étaient incapables de dire comment ils avaient fait; il en est de même sur le plan des problèmes. C'est justement un des objectifs de l'enseignement des mathématiques — et surtout de la formation de l'esprit mathématique : devenir capable de faire cette analyse des démarches de l'esprit en train de résoudre un problème pour saisir sur le vif les différentes fonctions impliquées; cet aspect est très important et les mathématiciens dits modernes ont bien mis en évidence ce processus de prise de conscience qui doit aboutir, aux niveaux les plus élevés, à l'axiomatique.

Puis nous rencontrons ceux qui, sans trouver immédiatement la solution logique du problème, sont capables de tâtonner intelligemment. La découverte de la solution logique suppose une possibilité de dominer largement la question posée et certains enfants ne peuvent pas d'emblée avoir un champ mental aussi étendu; ils procèdent donc à des tâtonnements, mais les résultats de ces tâtonnements les amènent petit à petit vers la découverte de la solution. Nous appelons donc tâtonnement intelligent celui dans lequel les résultats, positifs ou négatifs, obtenus au cours d'une étape sont susceptibles d'orienter l'étape suivante; en termes plus simples nous dirons que l'enfant est capable de tirer parti de ses essais antérieurs. Il est vrai que nous trouvons, ici aussi, tous les niveaux de tâtonnement et la ligne de démarcation entre cette conduite et celle que nous signalerons ultérieurement (ceux qui font n'importe quoi) n'est pas toujours très aisée.

Quelques enfants procèdent autrement et il nous est difficile, ici, de dire si cette conduite est supérieure ou inférieure à une autre; disons qu'elle est autre et que dans certains cas elle est excellente mais que dans d'autres elle ne traduit que l'aspect trop formel de la formation : c'est la recherche des solutions-types et l'utilisation d'automatismes tout montés. Tout ceci est une question de nuances parce que l'activité mathématique consiste bien à faire entrer un cas particulier dans un cas général et, comme nous le verrons ultérieurement (p. 129 et suiv.), c'est une conduite qu'il faut faire acquérir à l'enfant. Il est donc bon, d'une certaine façon, d'habituer l'élève à rechercher la classe de problèmes à laquelle appartient celui qu'il faut apprendre à résoudre. Mais ceci devient dangereux quand l'activité psychique de l'enfant devient une activité machinale de rapprochement formel avec des solutions-types. C'est l'excès et la systématisation qu'il faut condamner plus que le principe qui est défendable. Il est vrai que lorsque cette attitude devient la seule voie qu'utilise l'élève pour rechercher la solution d'un problème on tourne vite vers le formalisme et l'automatisme contraires à la véritable formation mathématique. Et il est exact que l'on peut observer cette attitude dans la recherche de la solution d'un problème chez certains enfants.

Abandonnons maintenant les cas de recherche systématique pour rencontrer maintenant les enfants qui ne voient pas le problème dans son ensemble. Ces élèves donnent l'impression que leur champ de conscience est trop étroit et il leur est impossible de prendre en considération tous les éléments du problème. Ils n'en voient qu'une partie, c'est-à-dire que lorsqu'ils considèrent une partie des données de l'énoncé ils en oublient les autres. Nous savons, en psychologie, que ce phénomène n'est pas rare et que, par suite d'une inhibition due à un très grand nombre de stimulations, certains éléments du contenu de la conscience passent sur le plan de l'oubli. Une pédagogie particulière doit donc être adoptée avec ces enfants pour lesquels quelquefois il n'y a pas d'insuffisance mathématique propre mais simplement un défaut de largeur de champ de conscience : mais le résultat de leur raisonnement est forcément inexact puisqu'il n'utilise pas toutes les données de l'énoncé.

Nous descendons de plus en plus le long d'une sorte d'échelle hiérarchique : nous trouvons maintenant les enfants qui, devant un ensemble de données numériques et après un examen sommaire de l'énoncé du problème, se jettent littéralement sur les opérations; pour eux, un problème c'est immédiatement des opérations à faire; devant quelques données numériques et une vague idée de réunion on se met à additionner les nombres sans prendre aucune vue d'ensemble du problème à résoudre; quand on leur demande les raisons pour lesquelles ils ont procédé de cette façon plutôt que d'une autre ils n'ont aucune réponse à vous donner si ce n'est qu'en présence de deux nombres il faut soit les ajouter, soit les soustraire...

Nous distinguons cette catégorie d'enfants de ceux qui, d'un niveau intellectuel plus bas, sont incapables de comprendre le texte même de l'énoncé. Nous devons remarquer ici que nous pouvons être en présence de deux catégories d'enfants : ceux qui ne sont pas d'un niveau intellectuel suffisant et pour lesquels la non-compréhension correspond à un QI inférieur à la moyenne et ceux pour lesquels un blocage de l'activité intellectuelle s'est produit en présence d'un vocabulaire nouveau et trop compliqué. Voici l'exemple d'un problème qui a laissé sans réaction une de mes filles qui, âgée de 9 ans, a déclaré ne pas savoir faire ce problème : « Un fonctionnaire a un traitement annuel net (c'est-à-dire retenues déduites) de 378.400 fr. auquel s'ajoutent deux indemnités annuelles de 129.600 fr. (charges de famille) et 62.300 fr. (résidence). Quel est le gain annuel de ce fonctionnaire ? Quel est le montant du bon de caisse mensuel qui lui est adressé ? » La réponse que j'obtins de ma fillette fut la suivante : « Je crois que toi tu es fonctionnaire ! » Nous devons donc faire attention que nos problèmes ne deviennent pas des devinettes plus ou moins technologiques et que la recherche de la solution ne suppose pas une trop longue initiation aux secrets des différentes disciplines. Ceci ne veut pas dire qu'il ne faille pas chercher des problèmes réels et que la mathématique doive se développer dans un monde irréel et sans contact avec la vie de tous les jours, puisqu'une partie du rôle de l'éducateur consiste à apprendre aux enfants à faire la liaison entre la mathématique et la réalité, mais dans ce domaine aussi il faut savoir ménager les étapes et ne pas tout confondre sous peine de tout sacrifier.

A un degré encore plus bas se trouvent les enfants qui, devant un problème, font n'importe quoi. Ou bien on a l'impression d'être devant des enfants insuffisamment équipés sur le plan intellectuel ou bien on a l'impression que, pris de panique devant un énoncé, l'enfant fait quelque chose parce qu'il faut faire quelque chose, mais que le plus important n'est pas de trouver une solution juste; une sorte de conduite automatique apparaît dans une situation créée par la présence d'un énoncé et, comme il faut faire quelque chose, l'enfant se précipite sur n'importe quoi, ajoute ou multiplie n'importe quoi et, par une sorte de comportement magique, rituel, transforme les données du problème en éléments de solution. On est quelquefois obligé d'aller chercher très loin ce qui se rapporte au problème, la patience de l'éducateur est rapidement mise à l'épreuve et la condamnation de l'élève se fait alors sans ménagements.

Nous trouvons enfin ceux qui ne font rien et qui, devant un problème, sont capables de vous rendre une feuille blanche. Malgré l'apparence, l'explication n'est pas toujours simple; laissons de côté ceux qui sont inhibés par suite d'une impossibilité de savoir traduire ce qu'ils ont compris (voir plus loin, page 148); nous avons les enfants qui sont complètement bloqués devant un exercice de mathématiques et il faut quelquefois recourir à une véritable psychothérapie pour lever cette inhibition plus ou moins pathologique. Il y a aussi les scrupuleux qui préfèrent ne rien répondre que de répondre quelque chose qui n'est pas rigoureusement exact. Il y a aussi les très lents qui sont découragés par les limites de temps trop étroites qui leur sont imposées et qui préfèrent ne pas commencer parce qu'ils sont sûrs de ne pas avoir fini à temps. Il y a aussi ceux qui ne comprennent pas ou qui ne comprennent rien, mais il faut être prudent dans l'interprétation de ces conduites; je signale volontiers en terminant, le cas d'un très bon élève, très fier — et même orgueilleux — qui préférait rendre feuille blanche que de donner un problème imparfaitement résolu. Où va se nicher l'amour-propre ?

ETUDE DE QUELQUES DIFFICULTES PARTICULIERES

Il ne nous semble pas possible, étant donné nos connaissances actuelles dans le domaine de la psychopédagogie, de faire une théorie générale de la résolution des problèmes par l'élève de l'école primaire ou de donner une interprétation d'ensemble des phénomènes observés. Une telle explication générale existe-t-elle seulement ? Nous nous contenterons ici de procéder à l'analyse de quelques difficultés pour nous permettre de mieux éclairer la pratique pédagogique.

On peut regrouper un certain nombre de ces difficultés autour du premier thème suivant : le problème et son habit extérieur. Nous avons signalé ci-dessus les difficultés introduites par le vocabulaire utilisé dans l'énoncé du problème; d'une façon générale et c'est ici le moment de généraliser : la forme dans laquelle est présenté l'énoncé est un des facteurs de la réussite ou de l'échec de l'élève. Nous savons depuis longtemps, et surtout depuis les bonnes analyses de Mlle A. Claret, que les mots utilisés couramment par les maîtres et, plus tard, par les mathématiciens, ne sont pas toujours parfaitement compris par tous les élèves. De nombreuses enquêtes ont prouvé que l'enfant ne possédait pas toujours parfaitement le vocabulaire que nous utilisions; nous ne reviendrons pas sur cette question et les recherches faites dans ce domaine sont faciles à trouver. Insistons plutôt sur un autre aspect : celui de la forme générale de l'énoncé. Dans un travail déjà ancien ([1]) nous avons eu l'occasion de montrer que, même dans des classes déjà élevées (classes de 4e et de 3e de l'enseignement du second degré français), l'importance de la formulation de l'énoncé jouait un rôle de premier ordre. Voici pour illustrer ce point, une série de trois problèmes portant tous sur la même question mathématique mais présentés d'une façon différente :

Forme dite « concrète » (sans attacher une trop grande importance à cette dénomination) : Pierre dit à Paul : J'ai 63 fr. de plus que toi; si nous réunissions notre argent, nous aurions ensemble 379 fr. Quelle somme possède Pierre et quelle somme possède Paul ?

Forme dite « intermédiaire » : Calculer deux nombres sachant que si on les additionne on trouve 250 et que si l'on soustrait le plus petit du plus grand on obtient 160.

([1]) G. MIALARET, *Recherches préliminaires à la pédagogie du calcul à l'école primaire*, Delachaux & Niestlé, 1953.

Forme dite « abstraite » : Calculer deux nombres connaissant leur somme et leur différence.

On constate, sans difficulté, que ces trois problèmes sont rigoureusement identiques au point de vue mathématique. Quels sont les résultats généraux obtenus sur six séries de problèmes analogues (nous laissons de côté ici la technique de l'enquête) ? Les résultats sont donnés en pourcentages de réponses exactes.

	Garçons		Filles		Moyenne générale	
	4e	3e	4e	3e		
Forme concrète	64,5	73,33	51,67	65,67	4e 58,08 3e 71	64,54
Forme intermédiaire	51	65,83	33,67	62,17	4e 42,33 3e 64	53,17
Forme abstraite	13	28,67	9,33	24,33	4e 11,17 3e 26,50	18,83

Quel sujet d'étonnement quand on se rappelle que la résolution de ces trois problèmes fait appel, soit graphiquement, soit algébriquement au même raisonnement que nous résumons ci-après :

$$a + b = s$$
$$a - b = d$$

$$a = \frac{s + d}{2}$$

$$2a = s + d$$
$$a = \frac{s + d}{2}$$

$$b = \frac{s - d}{2}$$

$$2b = s - d$$
$$b = \frac{s - d}{2}$$

Sans être exactement le même phénomène, on trouve des résultats différents étonnants quand il s'agit de problèmes identiques sur le plan de la forme mathématique et utilisant les uns de petits nombres, les autres de grands nombres ou des unités particulières ou simplement peu familières à l'enfant. Nous avons déjà signalé cette particularité à propos du problème 2 dans le chapitre précédent; on la retrouve à propos du problème 6. Quand on essaye d'analyser la forme de la résolution d'un problème, on s'aperçoit que l'enfant qui résout sans difficulté un problème simple dont les données sont des nombres inférieurs à 100 devient incapable de faire le même raisonnement si le problème contient des nombres très grands. On a l'impression que les grands nombres font peur à l'enfant et qu'il perd la sécurité relative qu'il a quand il s'agit de nombres relativement petits; tout semble se brouiller dans son esprit et ses possibilités logiques — encore fragiles il est vrai — ne résistent pas à l'intimidation des grands nombres. C'est dans cette situation que l'on se rend bien compte que la forme mathématique ne s'est pas encore dégagée de sa gangue et que l'enfant résout un problème mais ne fait pas encore de la mathématique. Des études encore plus précises faites en laboratoire aboutissent à de mêmes résultats et montrent bien qu'il faut arriver à un stade où l'enfant domine largement le concret pour qu'il puisse travailler sur les aspects proprement mathématiques du problème.

Plusieurs difficultés peuvent être regroupées et expliquées par certains traits de la psychologie de l'enfant au niveau de l'école primaire. Examinons-en quelques-unes. Il se trouve que certains problèmes nous semblent être, pour nous adultes, une simple somme de problèmes élémentaires et que, si l'enfant sait résoudre chacun des problèmes élémentaires, il doit savoir résoudre le problème général. En termes mathématiques, si l'enfant sait résoudre le problème A et le problème B, il doit savoir résoudre le problème A + B. Malheureusement, ici encore, logique et psychologie ne coïncident pas parfaitement! Par suite d'un effet curieux, la rencontre de deux difficultés crée une difficulté bien supérieure à leur somme. L'exemple que nous pourrions donner est le suivant: un enfant sait parfaitement calculer le chemin parcouru par un mobile pendant un temps déterminé et, de plus, il sait faire les problèmes classiques de rencontre ou de poursuite (type: un mobile part de P avec une vitesse de x km/h, un autre part de P' avec une vitesse de x' km/h; quelle sera l'heure de la rencontre — croisement ou dépassement — connaissant l'heure commune de départ?). Si donc un enfant qui sait faire ces deux problèmes séparément se trouve devant le problème suivant qui n'est, en fait, que la somme des deux précédents, il éprouvera beaucoup de difficultés: un mobile part à l'heure H du point P avec la vitesse V; un autre mobile part à l'heure H', du point P' avec la vitesse V'. Déterminer l'heure de la rencontre. (Il est évident que nous donnons ici le schéma du problème mais qu'il est présenté avec des données numériques aux enfants.) Et pourtant il suffit de se ramener au problème général en définissant la position des deux mobiles au moment où part le dernier.

1er cas. Même heure de départ.

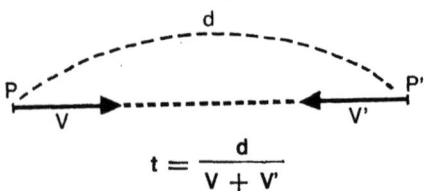

$$t = \frac{d}{V + V'}$$

2e cas. Heures de départ différentes.

On ramène alors ce problème au précédent.

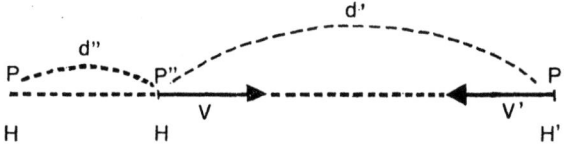

Les psychologues connaissent bien cette question. H. Wallon a parlé des « îlots de pensée » du jeune enfant; dans un petit domaine, celui-ci est capable d'utiliser correctement toutes les richesses de sa logique, mais dès que le domaine s'étend trop on voit se morceler l'activité logique et elle ne peut plus s'appliquer dans un trop vaste domaine. Il est donc nécessaire que l'éducateur progresse lentement avec ses enfants et qu'il pense que des problèmes qui lui paraissent particulièrement faciles peuvent contenir des difficultés insoupçonnées.

Cette impossibilité pour la pensée de l'enfant d'étendre facilement ses schèmes logiques à des situations de plus en plus larges est liée aussi au fait qu'elle manque de mobilité; c'est un point sur lequel a fortement insisté J. Piaget et qui a parfaitement montré que l'évolution de l'intelligence de l'enfant se faisait vers une réversibilité de plus en plus grande. Partir d'un point (psychologiquement parlant) et être capable d'y revenir, prendre conscience du chemin parcouru et des voies utilisées est le signe d'une évolution intellectuelle déjà avancée. Nous avons sur ce point une expérience très intéressante faite par les psychologues parisiens à ce sujet; ils proposèrent aux élèves l'exercice suivant : « Une salle de classe est éclairée par une fenêtre comprenant 12 carreaux de 0,40 m de long sur 0,25 m de large. Le verre coûte 200 francs le mètre carré et la pose revient à 80 francs par carreau. On demande de calculer le prix de revient du vitrage. »

Partant de la réponse trouvée par le sujet, l'expérimentateur propose de rédiger l'énoncé d'un nouveau problème en supprimant une donnée déterminée, la longueur d'un carreau, qui deviendra la question. L'expérimentateur amène ainsi le sujet à rédiger l'énoncé suivant : « Une salle de classe est éclairée par une fenêtre de 12 carreaux de 0,25 m de large. Sachant que le verre coûte 200 francs le mètre carré, la pose 80 francs par carreau et que le prix de revient total du vitrage s'élève à 1.200 francs (ou tout autre résultat trouvé par le sujet), on demande de calculer la longueur de chaque carreau. »

L'expérimentateur note dans quelle mesure le sujet comprend la méthode proposée, avec quelle facilité ou difficulté il rédige le nouvel énoncé et, finalement, résout le problème. La solution de celui-ci est, dans sa progression, l'inverse de la progression du premier problème :

Premier problème	Deuxième problème (preuve)
Surface d'un carreau.	Prix de revient de la pose.
Surface des 12 carreaux.	Prix du verre.
Prix du verre.	Surface des 12 carreaux.
Prix de revient de la pose.	Surface d'un carreau.
Prix de revient du vitrage.	Longueur d'un carreau.

C'est donc la capacité de réversibilité de la pensée qui est ici mise à l'épreuve. La réciprocité des relations, selon J. Piaget, est le critère de la conscience de ces mêmes relations; l'intelligence devient réversible quand elle est suffisamment maîtresse des relations pour les manier en tous les sens et pour trouver la réciproque de chacune d'elles; apparaît alors un pouvoir accru de contrôle de la pensée sur elle-même qui se veut désormais plus conséquente.

Et les psychologues scolaires ajoutent : « L'intelligence en arithmétique serait essentiellement celle des relations. Dans nos conditions d'expérience, c'est vers 14 ans d'âge mental que la preuve de l'exactitude de la solution par la réciproque cesse de présenter de sérieuses difficultés et que se précise la capacité de dominer les relations en tous les sens » (¹).

Ce manque de mobilité de la pensée enfantine au niveau de l'école primaire se manifeste aussi dans certaines difficultés liées à une généralisation qui nous paraît évidente mais qui ne l'est pas pour l'enfant. Nous allons reprendre un exemple lié aux problèmes des courriers. Très souvent l'éducateur passe très rapidement des problèmes des courriers qui vont en sens contraire aux problèmes des courriers qui vont dans le même sens. Le schéma général de l'explication est le suivant (voir schéma ci-dessous) : pendant une heure les deux mobiles se rapprochent d'une longueur égale au nombre égal à la somme des vitesses horaires; le quotient de la distance qui les sépare à l'origine par cette somme nous donne le temps qu'il leur faudra pour se rencontrer. Donc mathématiquement on a sans aucune difficulté :

$$t = \frac{\text{distance à l'origine}}{\text{somme des vitesses horaires}}$$

Partant de cette explication, le maître généralise facilement et explique que si les courriers vont dans le même sens, ce n'est pas la somme des vitesses qu'il faut considérer mais la différence de ces mêmes vitesses; l'explication est correcte pour des adultes ou des enfants particulièrement doués; elle est très difficile pour des enfants normaux. En effet, quand on analyse leur compréhension sur ce point on constate qu'ils n'ont, en fait, rien compris et que chez beaucoup de ceux qui réussissent il ne s'agit en réalité que d'une réaction automatique ne s'appuyant pas sur une compréhension véritable. Pour bien expliquer la nouvelle façon de calculer le temps nécessaire au second mobile pour rattraper le premier, il ne faut pas partir de ce qui nous paraît évident; nous avons eu l'occasion d'expérimenter sur ce point et voici comment nous nous y

(¹) Voir numéro de la revue « Enfance ».

1er cas. Les mobiles vont dans le même sens.

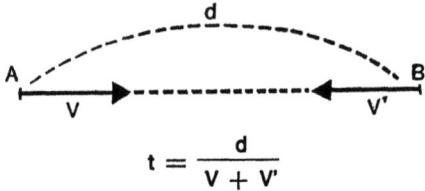

$$t = \frac{d}{V + V'}$$

2e cas. Les mobiles vont dans le même sens.

Schéma de l'explication :

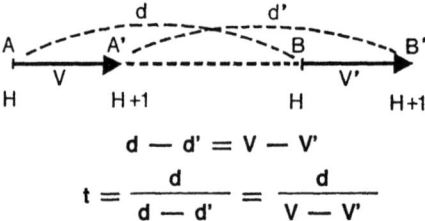

$$d - d' = V - V'$$

$$t = \frac{d}{d - d'} = \frac{d}{V - V'}$$

sommes pris. Nous avons fait raisonner l'enfant en deux temps; tout d'abord nous lui avons demandé où se trouvaient les deux mobiles au bout d'une heure et nous avons calculé leur nouvelle distance; nous avons constaté que cette distance s'était diminuée d'un nombre de kilomètres égal à la différence des vitesses horaires; le même calcul a été fait pour deux heures et ainsi de suite; on en arrive alors à la constatation suivante : toutes les heures les deux mobiles se rapprochent d'une longueur égale à V-V'. Ce n'est qu'ensuite que l'on peut revenir à la formule générale et montrer que dans un cas c'est la somme des vitesses et dans l'autre la différence qu'il faut considérer. L'erreur consiste donc, sur le plan pédagogique, à partir de ce qui nous semble très évident pour nous adultes, de ce qui se déduit facilement des formules simples sans penser que l'enfant ne jongle pas, comme nous, avec les formules, les signes, l'espace et le temps.

Une autre conséquence de ce manque de souplesse de la pensée enfantine qui reste attachée à son objet et ne peut s'en séparer sans le perdre de vue est l'impossibilité dans laquelle se trouve le jeune enfant de pratiquer, sur le plan mental, la conduite du détour. De quoi s'agit-il ? Un problème se présente souvent, aussi bien dans la pratique que dans la vie scolaire, comme la recherche d'une solution à partir de données; mais pour trouver la solution il faut en partie et provisoirement tourner le dos aux données, s'en éloigner temporairement afin d'y mieux revenir. Trouver la solution d'un problème c'est justement, étant donné les quelques indications contenues dans l'énoncé, trouver ce qui manque en apparence pour établir les relations permettant d'aboutir à la solution. C'est bien là le véritable problème mathématique; les cas que nous avons considérés ci-dessus : somme de problèmes simples, par exemple, ne sont que des exercices de calcul. Le véritable problème est celui qui exige, pour être résolu, une activité psychologique voisine de celle du mathématicien. Prenons un exemple pour illustrer notre propos; reprenons le texte du problème indiqué à la page 81. Malgré l'apparence simple de ce problème, l'explication n'est pas aisée si l'on veut que l'enfant comprenne parfaitement ce qu'il fait; il faut, en effet, qu'il abandonne la fermière dans sa réalité historique et temporelle et qu'il regroupe ses activités autrement qu'elles ne sont présentées dans l'énoncé. On peut, par exemple, partir d'une somme fictive (ou peut-être réelle) selon le déroulement des opérations commerciales de la dite fermière qui serait celle qu'elle aurait eue si elle n'avait rien acheté ni payé de billet de chemin de fer, cette somme aurait été de $423 + 75 + 582 =$

1.080 francs. Si l'on fait le total maintenant des sommes qu'elle avait en partant et de celles qui sont rentrées dans son porte-monnaie, on obtient : 185 + 290 + 310 + prix du canard = 785 francs + prix du canard. Il faut maintenant que l'enfant comprenne que le prix du canard est égal à la différence entre 1.080 francs et 785 francs : l'utilisation d'un schéma pour l'explication peut sembler simplifier les choses; nous n'en sommes pas complètement convaincu à ce niveau (comme nous le montrerons dans notre prochain chapitre).

Pour raisonner mathématiquement, en effet, il faut pouvoir raisonner sur le plan de l'hypothèse et, avant un certain âge qui correspond chez certains enfants à l'âge de 12 à 14 ans, cela n'est pas toujours facile. Voici un exemple qui illustre très nettement cette difficulté; il s'agit d'une petite fille, très bonne élève par ailleurs et très honnête et, dirions-nous volontiers, très pure. On lui donne le problème suivant à faire : « Un cultivateur achète un champ qui a la forme d'un triangle rectangle et dont la surface est estimée à 11,61 ares. Le grand côté de l'angle droit de ce triangle est borné et mesure 64,50 m.

1. Quelle doit être la longueur du petit côté ?

2. Cette longueur, mesurée sur le terrain, est de 34 m. Le terrain vaut 90.000 francs l'ha. Quel est le préjudice subi par l'acheteur ? »

Laissons de côté, d'une part, la différence entre les prix qui étaient indiqués dans l'énoncé, les prix dont l'enfant entendait parler autour d'elle et, d'autre part, la difficulté liée au mot « borné ». La difficulté rencontrée par cette petite fille était un mélange de difficulté intellectuelle et de difficulté que j'appellerais « morale ». Elle n'acceptait pas volontiers que l'on ait trompé cet acheteur en lui ayant fait payer un prix qui n'était pas le prix correct. Mais, sur le plan intellectuel, la difficulté principale tenait au fait qu'il fallait que l'enfant se situe à la fois sur le plan réel et, en même temps, sur le plan hypothétique.

Pour elle la surface « estimée » à 11,61 ares supposait que l'on connaissait exactement la longueur des côtés. La coexistence des longueurs de ce même côté n'a rien de pacifique parce qu'elle constitue un élément de trouble qui l'empêche de bien comprendre ce problème. On peut dire que cette enfant n'en était pas encore arrivée à l'âge de « l'x », c'est-à-dire de l'inconnue sur laquelle on raisonne, on travaille, on calcule. Et ce sera précisément tout le progrès que devra accomplir l'enfant au cours de sa formation mathématique. Ce sera l'objet de notre prochain chapitre.

Nous voudrions terminer cette analyse par deux aspects moins importants peut-être sur le plan mathématique mais importants sur celui de la réussite ou de l'échec et, par-là, sur l'attitude de l'enfant vis-à-vis des mathématiques. Les insuffisances de la pensée enfantine en ce qui concerne l'organisation du déroulement temporel se traduit par des difficultés en présence de certains problèmes. Il est nécessaire dans certains problèmes de remettre d'abord en ordre les éléments de l'énoncé avant de vouloir entreprendre la recherche de la solution du problème. Nous savons que les psychologues ont bien mis en évidence cette difficulté; c'est ainsi que Prudhommeau a montré qu'il fallait attendre l'âge moyen de 8 ans et demi, 9 ans, pour que l'enfant soit capable de faire correctement et sans erreur, le rétablissement des données qui se présentaient d'une certaine façon dans le temps; si l'on pose à l'enfant le petit problème suivant : soustrais 38 de 49, l'enfant posera immédiatement l'opération : 38 — 49. Il en est de même à des niveaux supérieurs quand, dans un problème, les éléments sont dispersés dans le temps, c'est-à-dire que l'enfant doit reconstruire d'une façon temporellement logique son énoncé avant de s'attaquer à la recherche de la solution. Tant que l'élève ne jongle pas avec le temps — et il faut attendre encore plusieurs années — il lui est impossible de résoudre correctement son problème. Son échec n'est donc pas lié, ici encore, à une insuffisance mathématique ou logique mais elle est liée simplement aux caractéristiques générales du psychisme des enfants de son âge. Nous signalerons aussi, et sans nous y arrêter, les difficultés qui sont liées à l'expression de l'enfant (voir plus loin la question de la rédaction des solutions). Le manque de « réversibilité » de la pensée de l'enfant, l'insuffisance dans la maîtrise du langage et de l'expression, l'impossibilité d'une prise de conscience des mécanismes psychiques mis en jeu dans la recherche et dans la compréhension de la solution font que l'enfant qui a pourtant trouvé la solution d'un problème se trouve dans l'impossibilité de rédiger correctement la solution. Dans la mesure où l'enfant est jugé sur le travail qu'il rend au maître, c'est-à-dire sur la rédaction de sa solution, il peut être mal jugé alors qu'il ne s'agit que de maladresses d'expression et non de compréhension véritable. On voit aisément les conséquences d'une telle situation; l'enfant, incapable de faire les subtiles distinctions ci-dessus, a l'impression d'échouer en calcul et ne comprend pas pourquoi il risque de se décourager alors qu'il ne s'agit que d'une question de mise en forme (importante il est vrai) et non d'une insuffisance proprement mathématique.

QUELQUES REMARQUES PEDAGOGIQUES GENERALES

Sans transformer ces quelques lignes de conclusion en chapitre de pédagogie pratique, nous voudrions simplement attirer l'attention des parents et des éducateurs sur quelques points qui semblent, à notre avis, se dégager des analyses précédentes.

Si notre désir est d'apprendre aux enfants à utiliser les mathématiques dans la résolution des problèmes de la vie courante et dans les situations dites « pratiques », il ne faut pas pour autant commencer par le perdre dans un concret trop encombré. Loin de nous l'idée de soulever ici le problème du concret et de l'abstrait; disons simplement que, comme il y a une familiarisation progressive de l'enfant avec les formes de la mathématique, il y a aussi une familiarisation progressive de l'enfant avec les formes de plus en plus complexes du concret. En d'autres termes, ce n'est pas parce qu'un problème est « concret » qu'automatiquement il est plus facile sur le plan mathématique. C'est la confusion que font certains entre la mathématique et ce que nous appellerons volontiers (et sans aucune nuance péjorative de notre part) l'aspect technologique du problème. Sans séparer les problèmes de calcul de l'expérience de l'enfant, il faut que l'éducateur distingue les deux aspects, parce que l'échec peut ne pas résulter du tout d'une insuffisance mathématique. Ceci ne veut absolument pas dire que le problème doit avoir uniquement un aspect mathématique et n'avoir aucun lien avec la réalité; loin de nous cette idée; nous pensons, au contraire, qu'il est indispensable que les problèmes proposés aux enfants soient extraits de leur vie quotidienne et que leurs connaissances, leurs habitudes puissent leur permettre de donner un contenu vivant aux termes de l'énoncé. « Par la vie et pour la vie » disait Decroly. Trouver dans le milieu qui entoure l'enfant les problèmes qu'il doit apprendre à résoudre mais aussi lui apprendre à utiliser ses connaissances mathématiques pour résoudre les problèmes qui se posent à lui. C'est cette fine dialectique qui constitue les relations de la théorie et de la pratique.

Ceci suppose d'ailleurs que si le point de départ du problème est dans le concret, il est du devoir de l'éducateur de conduire l'élève jusqu'au point le plus évolué de l'abstraction mathématique. Nous avons déjà signalé, à propos des opérations, la nécessité de faire apparaître chaque fois que cela était possible les « formes » mathématiques telles que $a + b = c$, $c - a = b$, $c - b = a$. Il sera facile au maître de faire apparaître, chaque fois que l'occasion se présentera, les grandes formes ou les grandes méthodes de résolution qui prépareront l'enfant aux généralisations ultérieures. Il sera de même très utile de montrer à l'enfant, et ceci dans la limite de sa compréhension (voir ce que nous avons dit sur ce point plus haut), quels sont les autres problèmes que l'on pourrait se poser avec les données que l'on possède; on habitue ainsi l'enfant à jongler mentalement avec les données, à considérer celles-ci comme des variables jouant des rôles différents et on lui donne petit à petit cette mobilité qui est si nécessaire à tout esprit voulant s'attaquer aux mathématiques.

Terminons enfin ces remarques pédagogiques par une distinction à faire, distinction que ne font pas toujours les débutants ou les parents maladroits : celle de l'explication soit de l'énoncé, soit du problème. Expliquer le contenu de l'énoncé, éclaircir le sens des mots, faire prendre conscience de la situation ou replacer celle-ci par rapport à l'expérience de l'enfant est fort utile mais ce n'est pas là donner une explication mathématique du problème; un enfant peut avoir parfaitement compris le sens de l'énoncé et ne pas avoir, pour autant, bien compris le problème dans ses implications mathématiques; on se contente souvent du premier temps et l'éducateur lui-même ne prend pas toujours bien conscience de cette distinction; c'est ce que l'on constate quand on passe dans les classes et que l'on assiste à des leçons d'arithmétique. L'explication de l'énoncé n'est que la condition préparatoire, nécessaire au travail mathématique; c'est une fois cette explication terminée que l'autre, la principale, c'est-à-dire l'explication mathématique, peut commencer.

CHAPITRE V

LE RAISONNEMENT
« MATHEMATIQUE »
AU COURS
DE L'INITIATION MATHEMATIQUE

Il est nécessaire de définir rapidement notre optique au cours de cette étude afin d'éviter les malentendus. Nous avons mis le qualificatif mathématique entre guillemets. Et c'est là tout le problème. Il ne s'agit pas, pour nous, de faire une étude logique ou psychologique du raisonnement mathématique au sens où l'entendent la plupart des auteurs. Nous n'apporterons aucun argument à la discussion qui d'Aristote à Goblot, Poincaré et Piaget cherche à découvrir quelle est l'essence du raisonnement du mathématicien. Nous sommes en présence d'enfants que nous voulons initier aux mathématiques, c'est-à-dire d'élèves chez lesquels nous cherchons à développer les cadres logiques leur permettant d'utiliser ce raisonnement mathématique dont parlent les philosophes.

Il faut signaler ici une ambiguïté qui, à notre avis, risque de planer sur notre analyse et de déformer l'esprit de notre exposé. Pour expliquer ce qu'est le raisonnement mathématique, les auteurs prennent volontiers des exemples tirés des mathématiques élémentaires; on montre l'insuffisance de la déduction syllogistique en commentant le théorème relatif à la somme des angles d'un polygone, on illustre ce qu'est une démonstration « constructive, ou synthétique, ou mathématique, ou génétique » ([1]) en utilisant la propriété de la médiane d'un triangle rectangle et on explique ce qu'est le raisonnement par récurrence au moyen du théorème classique sur la suite des nombres premiers. On conçoit que la présentation pédagogique fasse appel nécessairement aux connaissances du lecteur, mais la véritable psychologie du mathématicien actuel doit se faire sur les travaux mathématiques d'avant-garde. Faire la psychologie du raisonnement mathématique actuellement c'est analyser le développement des écoles bourbakistes, par exemple, ou les travaux avancés du calcul intégral. C'est là que le psychologue verrait à l'œuvre l'esprit du mathématicien.

Notre travail n'est pas de faire redécouvrir à nos élèves les mathématiques au sens historique du terme ou au sens de « Pascal redécouvrant les propositions géométriques » (cette question de la redécouverte sera l'objet d'une de nos conclusions pédagogiques). Nous devons d'abord mettre nos élèves en présence d'un édifice qui existe, les amener à y pénétrer pour en gravir le plus grand nombre possible d'étages : il faudra les initier à certaines règles logiques utilisées par les habitants de cette maison et chercher à établir une communication entre leur esprit et la société des mathématiciens. Mais ceci n'ira pas sans difficulté. L'élève réagira à notre action. C'est ce comportement qui est l'objet de notre étude. Etudier le raisonnement « mathématique » de l'adolescent c'est, pour nous, analyser les processus au moyen desquels nos élèves vont franchir petit à petit les portes de la mathématique, c'est relever leurs difficultés pour essayer de les aplanir par des méthodes pédagogiques adéquates, c'est éviter les traumatismes qui enlèveraient au jeune homme ou à la

---

([1]) D'après DAVAL et GUILLEMAIN, *Philosophie des Sciences,* page 71.

jeune fille le désir de découvrir ce monde merveilleux pour l'initié. Les aspects analysés seront en rapport avec les méthodes pédagogiques utilisées et une recherche expérimentale de très grande envergure devra refaire un travail identique chaque fois que les conditions pédagogiques seront différentes. Mais, s'il n'y a que quelques formes du raisonnement mathématique, rien ne nous empêche d'accepter que les voies d'accès soient diverses. Il y a un but à atteindre; le pédagogue choisit une voie et le psychologue l'aide à relever les accidents de terrain pour assurer une progression plus sûre et plus rapide. Si les missions précises de l'un et de l'autre sont quelquefois différentes, ils doivent toujours se retrouver pour une mise au point en commun. Ce sont ces séries de mise au point que nous allons essayer de présenter maintenant.

Il est difficile de parler de plan pour ce chapitre; les questions analysées au début sont des conditions nécessaires du raisonnement; la véritable activité mathématique fait l'objet de la dernière partie : l'élève devant un problème. Mais il nous était impossible de saisir d'emblée cette activité psychique sans savoir sur quoi elle s'appuyait pour être possible. Il nous semble qu'on pourrait grouper ces études préliminaires sous trois rubriques sans que cette classification ait un caractère absolu :

a) Des conditions générales de la pensée : le problème du langage et celui des axiomes.

b) Des conditions mathématiques : savoir appliquer, l'application amplifiante, le problème de la traduction, la notion d'ordre en mathématique.

c) Des conditions liées davantage à des questions pédagogiques : le problème des réflexes intellectuels et celui de la rapidité du processus logique.

Mais les distinctions précédentes sont imposées par les nécessités de l'exposé et, dans de nombreux cas, nos analyses se recouperont et retrouveront les mêmes difficultés. Notre vocabulaire introduit des distinctions claires et nettement marquées; elles ne correspondent pas toujours à la complexité du psychisme.

I. LE LANGAGE

Si le langage mathématique devient un instrument indispensable et précieux pour l'adulte, il constitue une des entraves importantes au raisonnement du débutant. Les difficultés qu'il soulève ont des répercussions aussi bien sur le plan de l'intelligence que sur celui de l'affectivité. Nous examinerons rapidement le problème de l'acquisition et de l'utilisation des mots et expressions particulières, puis celui du langage mathématique considéré en tant que style normalisé par la tradition.

Les mots ou expressions mathématiques sont de 3 sortes : ou bien ils sont ceux du langage courant avec leur sens habituel, ou bien ils sont ceux du langage courant utilisé avec une signification différente, ou bien ils appartiennent en propre aux mathématiques. Cette classification sommaire montre déjà l'importance de l'acquisition du langage au sens le plus élémentaire du terme. Nous avons donné ailleurs (¹) le compte rendu d'expériences faites à ce sujet sur lesquelles nous ne reviendrons pas. Rappelons simplement qu'il est difficile de savoir, sans autre expérimentation, quelle est la part qui revient au progrès intellectuel et quelle est celle qui revient à l'acquisition du mot dans des cas tels que « de plus de », « de moins que », « le double de », « la moitié de », « autant que ». R. Van-

---

(¹) G. MIALARET, *Recherches préliminaires à la pédagogie du calcul à l'école primaire*, Delachaux et Niestlé, pages 2 à 12.

develde donne les résultats suivants obtenus sur la population belge ([1]) :

Expressions	Années d'études (garçons) Pourcentages de bonnes réponses					
	1re	2e	3e	4e	5e	6e
La moitié de . . .	11	74	89			
Le double de . . .		58	79	80		
Autant que . . .		66	74	99		
De plus que . . .			56	70	76	
De moins que . . .			56	75	96	
2 fois plus que . .				54	80	90
2 fois moins que . .				24	80	86

On peut dire ici que, dans la mesure où le niveau du langage est un indice de développement intellectuel, l'apprentissage des mathématiques ne peut et ne doit se faire qu'avec des sujets ayant atteint un certain degré d'évolution; cette remarque n'apporte pas une réponse à la question suivante : l'initiation aux mathématiques favorise-t-elle le développement intellectuel ? Nous constatons simplement qu'un niveau de base est nécessaire. C'est le problème de l'orientation des élèves qui se pose ici. Mais ceci n'empêche pas que le professeur de mathématiques soit au courant des difficultés de langage rencontrées par les jeunes élèves et il est nécessaire qu'il veille à la compréhension des mots ou expressions qui paraissent les plus élémentaires. Trop souvent la difficulté mathématique d'un problème est cachée par le jargon « technologique » de

---

([1]) R. VANDEVELDE, *Etude expérimentale des problèmes d'arithmétique - Emploi d'expressions arithmétiques dans de petits problèmes*, Revue belge de psycho-pédagogie.

l'énoncé. Nous ne reprendrons pas ici la discussion de cette question que nous avons rencontrée dans notre chapitre précédent.

Dans d'autres cas, le mot est connu dans la langue courante mais il prend une signification légèrement différente en mathématique. De jeunes élèves ne « comprennent » pas ce qui leur est demandé par la question suivante : « Abaisser du point P la perpendiculaire sur la droite xy », surtout si le point P est en dessous de la droite xy. On utilise souvent, et avec raison, le verbe « mener »; mais l'expression « abaisser une perpendiculaire » appartient au langage du mathématicien. Nous avons eu l'occasion d'étudier les difficultés d'acquisition du mot « hauteur » (¹); à l'expérience familière pour l'élève de « hauteur » d'une maison ou d'une tour, s'oppose la « hauteur » d'un triangle orientée autrement que verticalement. Certains professeurs ont fait le relevé de ces expressions dont le sens varie d'un domaine à l'autre; la liste n'est pas très longue et la difficulté provient surtout du fait que l'attention des élèves n'a pas été suffisamment appelée sur leur double signification.

La question du langage mathématique est plus importante en ce qui concerne l'acquisition des mots et expressions nouvelles dont l'utilisation est nécessaire. Examinons un exemple : le mot « hypoténuse ».

Au cours d'une de nos expériences il a été présenté à des élèves dès le mois d'octobre et plusieurs contrôles furent faits par la suite. (Comment s'appelle, dans un triangle rectangle, le côté opposé à l'angle droit ?) Le tableau ci-après donne les résultats obtenus avec des enfants de 6ᵉ (p. 109).

Par contre, la question : « Quelle est l'hypoténuse du triangle rectangle ABC ? » donne très rapidement 100 % de réponses exactes.

(¹) Voir notre article dans le livre offert à F. HOTYAT : *Au service de l'éducation.*

Dates	Nombre d'élèves	Nombre de bonnes réponses	
20 - 10 - 1953	36	29	80 %
3 - 11 - 1953	37	33	89 %
2 - 12 - 1953	33	26	79 %
25 - 1 - 1954	36	30	88 %
4 - 12 - 1955	32	28	88 %

Commentaires de ces résultats :

1. Les résultats montrent nettement la dissociation qui existe entre la « reconnaissance » du mot et son utilisation. Le mot est rapidement reconnu par l'ensemble des enfants alors qu'il a été impossible d'obtenir une « évocation » satisfaisante.

2. Cette distinction correspond à ce que nous avons appelé : compréhension passive (reconnaissance), compréhension active (évocation et utilisation). Nous sommes contents quand nos élèves « suivent », c'est-à-dire qu'ils sont capables de reconnaître au passage des mots et expressions utilisés par le professeur; mais s'agit-il d'une véritable acquisition ? Les résultats précédents montrent la difficulté d'une acquisition complète et définitive.

3. On peut donc donner ici les diverses étapes selon lesquelles doit se faire l'introduction du langage mathématique :

a) Présentation du mot et de la figure ou de la propriété correspondante.

b) Exercices qui permettent de passer du mot à la figure, de la figure au mot. La 1re de ces deux opérations est la plus facile. Il est nécessaire de créer ce que nous appelons une relation réversible.

c) Exercice visant à l'utilisation de l'expression dans un contexte. Ceci est surtout très important pour des formes telles que : « chacun à chacun », « respectivement ».

d) Fixation du mot et entretien du souvenir jusqu'à fixation complète.

Au cours de cet apprentissage d'ailleurs, on aura l'occasion de relever de curieuses déformations : hypoténuse est devenue, selon les règles mystérieuses de l'imagination enfantine : apoténuse, éponuse, paténuse, obtus. Le rôle du professeur de mathématiques est très proche, dans ce domaine, de celui du professeur de langue vivante; nous reviendrons sur cette analogie.

Au cours de cette acquisition on observe aussi des phénomènes « d'irradiation » que nous avons signalés à propos de la hauteur. Des confusions entre réalités voisines se font (surtout pour la hauteur, bissectrice, médiane) ou entre mots voisins (médiane, médiatrice). Il y a donc, à côté du travail d'acquisition proprement dit, un effort à faire pour aboutir aux distinctions nécessaires. On peut dire que ce travail n'est pas toujours fait; le professeur s'intéresse davantage à la progression de son cours qu'aux obstacles linguistiques rencontrés par les élèves.

Ceci ne va pas sans difficultés mathématiques et affectives. Nous avons signalé ([1]) l'inhibition provoquée chez l'adolescent par un langage non maîtrisé; la situation est voisine de celle dans laquelle se trouve un débutant en langue étrangère. L'utilisation maladroite du langage mathématique fait que l'élève se sent ridicule, peu à son aise et il est la proie d'un « trac » bien plus courant qu'on l'imagine en général. Ce malaise aboutit à un mutisme

---

([1]) G. MIALARET: « *Quelques aspects affectifs de l'enseignement des mathématiques* ». Communication aux Journées internationales de psychologie de l'enfant, Paris, avril 1954.

déconcertant qui amplifie la timidité de l'adolescence et explique la difficulté éprouvée par certains professeurs pour obtenir une classe « vivante ». Nous compléterons ces indications à propos de la mise en ordre d'un raisonnement mathématique afin d'indiquer comment on peut faciliter cette mise en confiance de l'adolescence au cours d'une démonstration (voir page 162).

Nous ne reviendrons pas ici sur les résultats que nous avons donnés à la page 89; ils mettent nettement en évidence l'influence du langage sur la compréhension. Mais tournons-nous maintenant vers le professeur.

Tous les professeurs de mathématiques insistent sur l'importance du langage concret et précis; ils ont raison, mais notre accord ne se fait pas sans quelques réserves. Il y a un but à atteindre : celui d'une démonstration faite avec le nombre minimum de mots nécessaires; et, en cela, la mathématique est une excellente école de rhétorique. Mais nous ne devons pas oublier que cette perfection a une histoire et qu'il faut commencer par initier le néophyte au style particulier qui sera le nôtre : « considérons les 2 triangles... ». Se familiariser d'abord avec ces formes nouvelles, les utiliser maladroitement et progresser ensuite vers le modèle magistral est un processus psychologique soumis aux lois classiques du « learning ». Négliger ce développement et ne pas lui porter l'attention qu'il mérite c'est ne pas fournir à l'élève les moyens de nous imiter et de progresser; c'est, en fait, ne pas établir la communication professeur-élève. Imposer d'emblée une nouvelle langue c'est, dans beaucoup de cas, provoquer une réaction affective de défense. La bonne solution pédagogique consiste à respecter les lois psychologiques sans pour cela perdre de vue le but à atteindre; le dépouillement d'une notion mathématique se fait de pair avec l'acquisition du langage adéquat. Arriver à montrer aux élèves l'importance d'un mot manquant ou l'inutilité d'une expression surabondante, c'est leur enseigner les mathématiques mais aussi participer à leur formation intellectuelle générale.

II. LES AXIOMES

Le raisonnement implique toujours l'utilisation d'axiomes et de certaines formes logiques, mais c'est surtout au cours de l'apprentissage des mathématiques que leur application devient plus systématique et plus importante. Nous ne reprendrons pas ici les études de J. Piaget sur le passage de la logique de l'enfant à celle de l'adolescent. La méthode logistique utilisée par cet auteur aboutit à une description générale du raisonnement de l'adolescent. Nous nous contenterons de faire porter notre analyse sur quelques points particuliers.

L'étude attentive des premiers raisonnements d'une part et, d'autre part, les difficultés éprouvées par les enfants (soit les jeunes de l'enseignement du second degré, soit les élèves plus âgés des centres d'apprentissage) nous ont amené à la question suivante : S'agit-il d'une véritable difficulté logique ou est-ce simplement une question pour laquelle le langage nouveau utilisé constitue un obstacle assez important ? Que se passerait-il si les formes logiques nécessaires rencontrées dans le raisonnement mathématique étaient développées par des exercices débutant sur des exemples concrets ? En d'autres termes, notre pédagogie ne saute-t-elle pas, ici, une étape importante ?

Pour vérifier cette hypothèse, nous avons eu l'occasion de nous livrer à une véritable expérience qui, sans avoir une rigueur suffisante, nous a apporté un très grand nombre d'indications psychologiques précieuses. Avant tout commentaire, il est peut-être bon de donner in extenso le texte des questions posées aux élèves et l'ensemble des généraux. Ce genre d'exercice a été pratiqué pendant un mois et demi, à raison d'un par semaine, dans des classes de l'enseignement professionnel.

1ʳᵉ séance

1ʳᵉ question. C'est un raisonnement à terminer :

— Tous les *députés de Paris* ont voté une résolution (augmentation du prix de vente des pommes de terre);
— Or, M. Durand est député de Paris;
— Donc...

L'analyse sommaire des résultats donne :
Nombre d'élèves : 19.
Réponses exactes : 8.
Aucune réponse : 5.
Réponses particulières : 6, parmi lesquelles on trouve des réflexions telles que celles-ci : « Tous ces députés croient que la vie n'est pas assez chère » ou (influence des leçons d'instruction civique) : « Il peut donner son avis en votant »; quelques réponses sont sans rapport avec la question posée : « Les députés ont voté pour faire élire M. Dupont député ».

2ᵉ question. Un choix était à faire entre plusieurs réponses possibles.

Données :

— Tous les députés de Paris ont voté une résolution (celle indiquée précédemment);
— Le député X a voté cette résolution.
Quelle est la bonne réponse ?
(1) — X est député de Paris.
(2) — X n'est pas député de Paris.
(3) — X est peut-être député de Paris.

Résultats :

15 réponses (1).
 2 réponses (2).
 0 réponse (3).
 2 réponses particulières.

2ᵉ séance

1ʳᵉ question. Raisonnement à terminer :

— Tibou est une ville d'une province : le Minoka;
— Minoka est une province située dans un pays, le Toupondi;
— Donc...

Résultats :

Nombre d'élèves : 22.
Bonnes réponses : 5.
Aucune réponse : 10.
Réponses erronées : 4.
Réponses particulières : 3 (dont : « le Toupondi n'est pas un pays »).

2ᵉ question. Choix à faire entre plusieurs questions.

Données :

— Tibou est une ville du Toupondi.
— Bonta est une ville du Toupondi.
Quelle est la bonne réponse ?
(1) — Tibou et Bonta sont dans le même pays.
(2) — Tibou et Bonta ne sont pas dans le même pays.
(3) — Tibou et Bonta sont peut-être dans le même pays.

Résultats :

8 réponses (1).
1 réponse (2).
13 réponses (3).

La conduite du « peut-être », qui semble avoir été révélée la semaine précédente, est ici appliquée systématiquement par 13 élèves.

Devant ces résultats nous faisons faire, le même jour, les épreuves suivantes (une correction des questions données ce jour-là n'avait pas été faite publiquement).

1ʳᵉ question (1').

— Berlin est une ville d'un pays : l'Allemagne;
— L'Allemagne est un pays qui appartient à l'Europe;
— Donc...

Résultats :

Bonnes réponses : 16.
Aucune réponse : 2.
Réponse erronée : 1.
Réponses particulières : 3.

2ᵉ question (2'). Données :

— Paris est une ville d'Europe.
— Berlin est une ville d'Europe.
Quelle est la bonne réponse ?
(1) — Paris et Berlin sont dans le même continent.
(2) — Paris et Berlin ne sont pas dans le même conti-
        nent.
(3) — Paris et Berlin sont peut-être dans le même
        continent.

Résultats :

 2 réponses (1).
11 réponses (2).
 3 réponses (3).

Manifestement, le mot « continent » a gêné les élèves;
pour beaucoup il y a eu confusion avec « pays ».

3ᵉ séance

1ʳᵉ question. Raisonnement à compléter.

— Jean est le fils de M. Durand Paul;
— M. Durand Paul est le fils de M. Durand Roger;
— Donc...

Résultats :

Nombre d'élèves : 19.
Bonnes réponses : 12.
Aucune réponse : 1.
Réponses erronées : 2.
Réponses particulières : 4.

2ᵉ question. Données :

— Jean a pour grand-père M. Durand Roger.
— Pierre a pour grand-père M. Durand Roger.
Quelle est la bonne réponse ?
(1) — Jean et Pierre sont peut-être frères.
(2) — Jean n'est pas le frère de Pierre.
(3) — Jean est le frère de Pierre.

Résultats :

19 réponses (1).

4ᵉ séance

1ʳᵉ question. Raisonnement à terminer.

— Le chien est un mammifère;
— Les mammifères sont des vertébrés;
— Donc...

Résultats :

Nombre d'élèves : 22.
Bonnes réponses : 17.
Aucune réponse : 3.
Réponses erronées : 2.

5ᵉ séance

1ʳᵉ question. Dans une famille :

1. Jean a les joues rouges, les yeux bleus, les cheveux noirs.

2. Henri a les yeux bleus, les cheveux noirs, le nez long.

3. Georges a les joues rouges, les yeux bleus, le nez long.

Quel est le caractère commun aux 3 enfants ?

Résultats :

Nombre d'élèves : 20.

Réponses exactes : 10.

Aucune réponse : 2.

Réponses inexactes : 2.

2ᵉ question. Le même problème est repris au moyen de figures géométriques. Les données sont ainsi présentées :

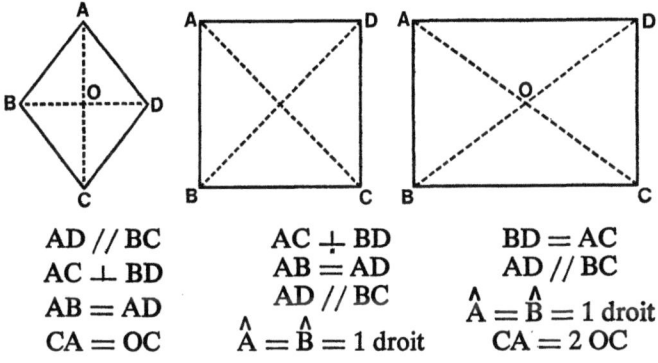

AD // BC	AC ⊥ BD	BD = AC
AC ⊥ BD	AB = AD	AD // BC
AB = AD	AD // BC	Â = B̂ = 1 droit
CA = OC	Â = B̂ = 1 droit	CA = 2 OC

Qu'y a-t-il de commun entre toutes ces figures ?

Réponses exactes : 15.

Réponses inexactes : 3.

2 réponses douteuses : « Ils sont tous parallèles ».

6ᵉ séance

1ʳᵉ question. Deux amis, Paul et Roger, partent en voiture de Paris à Toulouse; la distance Paris-Toulouse est de 700 km. Paul conduit de Paris jusqu'à une ville X et Roger prend alors le volant jusqu'à Toulouse.

Au retour, c'est Paul qui conduit de Toulouse jusqu'à la ville X; Roger prend ensuite le volant de X à Paris.

Quelle doit être la position de X pour que les 2 amis conduisent pendant des trajets égaux ?

Résultats :

Classe de centre d'apprentissage : 21.

17 réponses : 350 km ou au milieu de Paris-Toulouse.

2 réponses : « n'importe où » et « on ne peut le définir ».

2 erreurs de calcul.

Dans une classe de jeunes filles de 3e d'un cours complémentaire de 18 élèves, on obtient :

3 : « n'importe où ».

15 : x = 350 km.

2e question. Il manque 10 cm à Pierre pour être aussi grand que son frère Georges. Il y a, entre René et Pierre, une différence de 10 cm. Que peut-on dire de leurs tailles respectives ou, en d'autres termes, classez les 3 individus par rang de taille.

Résultats :

	Classe de CA	Classe de CC [1]
Ont vu les 2 possibilités	3	5
Réponse : « René - Pierre - Georges » .	4	
Ont vu l'égalité de René et Georges .	8	11
Mauvaises réponses	6	2

Les résultats rapportés ici nous permettent quelques remarques utiles au pédagogue. Nous retrouvons tout d'abord la difficulté qui réside dans la continuation d'un raisonnement ; le syllogisme le plus élémentaire n'est pas

---

[1] CA = Centre d'apprentissage, actuellement Collège d'enseignement technique ; CC = Cours complémentaire, actuellement Collège d'enseignement général.

terminé d'emblée par la plupart des élèves de 13-14 ans. Mais il y a un progrès assez net dans l'ensemble.

N° des séances	1	2	2′	3	4
Nbre d'élèves	19	22	22	19	22
Bonnes réponses	8	5	15	12	17
%	45 %	23 %	73 %	63 %	77 %
		48 %			

Si une moyenne avait été faite pour les séances 2 et 2′, la progression aurait été régulière. La simplicité de l'appareil expérimental ne nous permet pas ici d'affirmer que la croissance des résultats est due à une familiarité progressive des élèves avec les questions ou à un progrès psychologique réel; mais l'hypothèse d'une évolution du comportement logique ne peut pas être refusée a priori.

Les deux séries de questions 2 et 2′ nous montrent aussi comment le contenu de la question peut interférer avec l'infrastructure logique elle-même; ce que nous avons signalé pour petits et grands nombres, par exemple, se retrouve ici. Lorsque l'enfant peut s'imaginer concrètement les données, il raisonne correctement : les opérations « formelles » ne lui sont pas encore familières. Forme et contenu de la pensée ne se dissocient pas aisément. Si, dans un raisonnement, la conclusion formelle exacte est en contradiction avec son expérience, l'enfant ne « raisonne » pas correctement et se fie davantage à son intuition qu'au résultat de son intelligence. C'est ainsi que pour un petit Parisien la solution « peut-être » est difficilement obtenue à l'épreuve suivante :

Données :

— La Tour Eiffel est une très grande construction.
— Il y a de très hautes constructions à Paris.

Réponses :
1. La Tour Eiffel est à Paris.
2. La Tour Eiffel n'est pas à Paris.
3. La Tour Eiffel est peut-être à Paris.

L'ensemble des deuxièmes questions introduit une conduite proche de celle du doute : celle du « peut-être ». Un enseignement dogmatique en mathématique aboutit à démontrer qu'une propriété est exacte ou fausse. Mais l'attitude de l'individu en face du problème est souvent celle de l'interrogation : cette figure possède-t-elle cette propriété ? N'est-ce pas là la traduction de cette attitude hypothético-déductive qui est un des caractères de la pensée mathématique ? Les résultats des premières séances montrent que tous les adolescents n'arrivent pas d'emblée à cette réaction psychologique, prélude au développement de l'esprit critique.

L'éducateur peut et doit méditer, devant ces résultats, sur le problème de l'évidence. Toute une psychologie de l'évidence serait à faire. L'on s'étonne, à juste titre, du nombre particulièrement faible des réponses exactes à la 1re question de la 6e séance : 2/17 et 3/18. Comment peut-on demander des raisonnements difficiles sur des notions abstraites à des élèves qui sont incapables de répondre correctement à des questions concrètes aussi faciles ? Les 2 solutions possibles au dernier problème sont passées inaperçues pour la plupart des élèves, quel que soit leur niveau : 3/21, soit 14 % pour une classe et 5/18, soit 28 % dans une classe de troisième du second degré où nous avions aussi pratiqué ce genre d'exercices.

Dès les premiers raisonnements on s'aperçoit, en effet, que certains axiomes de la pensée logique ne sont pas reconnus par les élèves et que leur utilisation est une difficulté pour le débutant. C'est le cas de : « deux quantités égales à une même troisième sont égales entre elles ». On le trouve en mathématique, sous la forme schématique

$$a = b \quad b = c \quad \text{d'où} \quad a = c$$

On l'utilise dans un très grand nombre de démonstrations de la géométrie ou de l'arithmétique élémentaire et cet axiome paraît si « évident » au professeur de mathématiques qu'il n'éprouve pas le besoin de s'arrêter sur le passage de a à c; l'élève, de son côté, ne voyant pas la justification de ce passage, perd pied et commence à flotter dans la malheureuse quiétude de l'incompréhension.

Le principe d'identité se présente très souvent, au début de l'initiation sous une forme un peu différente : « Si j'ajoute à 2 quantités égales ou si je retranche de 2 quantités égales une même quantité, j'obtiens 2 nouvelles quantités égales ». Cet axiome est constamment utilisé sous des formes variées pour obtenir les propriétés et les règles suivantes données à titre d'exemple parmi tant d'autres :

— deux angles qui ont le même supplément ou le même complément sont égaux
— deux angles opposés par le sommet sont égaux
— principe de la résolution d'une équation et, particulièrement le passage d'un terme d'un membre dans l'autre.

Il est intéressant de noter ici que pour le jeune élève ce n'est pas un axiome valable dans tous les cas; ce qui est applicable dans un cas ne l'est toujours pas dans d'autres. C'est ainsi que le principe d'une invariance par addition et soustraction est plus difficile en ce qui concerne les angles qu'en ce qui concerne les segments de droite. Au cours de l'initiation, le professeur ne devra pas craindre d'insister chaque fois, pour faire apparaître la règle logique utilisée afin que celle-ci se présente sous un aspect de plus en plus formel et indépendant des questions auxquelles elle est liée.

Sans nous étendre, enfin, sur la réversibilité de la pensée qui est assimilée, par J. Piaget, à l'intelligence (Psychologie de l'intelligence p. 17), nous allons montrer comment elle est utilisée — ou plutôt n'est pas mise en œuvre — dans le raisonnement des jeunes élèves. Ce fut, en effet, une très grande partie du travail que nous fîmes dans une classe de sixième au cours de recherches :
a) partir des problèmes simples sur le prix d'achat, le prix de vente et le bénéfice :

$$PA + B = PV$$

et aboutir à toutes les combinaisons possibles :

$$B = PV - PA$$
$$PA = PV - B$$
$$PV = PA + B$$

Un tel travail prépare directement à la résolution des équations $x + a = b$

d'où l'intérêt « mathématique » que l'on peut trouver au programme de sixième qui comporte une part importante réservée aux problèmes; si le professeur exploite correctement la présentation de tels exercices il prépare très efficacement à l'algèbre des classes ultérieures.
b) Toute une série de problèmes peuvent se ramener au jeu des formules

$$A \times B = C$$

$$A = \frac{C}{B}$$

$$B = \frac{C}{A}$$

A titre d'exemple, indiquons les types de problèmes suivants :

— Nombre d'unités, prix d'une unité, prix total
— Nombre d'unités, poids d'une unité, poids total

— Formules permettant de calculer l'aire des rectangles, triangles ou la longueur de la circonférence.

Tous ces exercices, qui intéressent beaucoup les élèves de 6e, tout en représentant pour eux une certaine difficulté, sont une excellente préparation à la résolution de l'équation ax = b.

Mais ce n'est pas sans peine et quelques exemples montreront ici la lenteur des progrès. La leçon sur l'aire d'un trapèze a été faite au mois d'avril; plusieurs heures ont été consacrées à l'utilisation de la formule sous toutes les formes et, en particulier, à l'exercice qui consiste à calculer un des termes connaissant les 3 autres

$$(S = \frac{B + b}{2} \times h = (B + b) \times \frac{h}{2})$$

Les contrôles effectués donnent les résultats résumés dans le tableau suivant :

Données	A calculer	Avril N. 32	Juin N. 33	Mars de l'année suivante N. 30
B, b, h	S	28		24
S, B, b	h	17	24	25
S, B, h	b	13	25	16
S, b, h	B	13	25	15
Elèves ayant répondu à toutes les questions		11	19	13

Les progrès sont lents mais l'oubli est rapide. Il semble pourtant que les 24 élèves capables en mars, de calculer la surface auraient pu répondre correctement aux questions suivantes il n'y en a que 13 (soit 56 %) qui ont su faire preuve d'une pensée réversible.

Il semble donc que très souvent on néglige cette étape intermédiaire dans l'initiation aux mathématiques. Un enfant de 10-11 ans arrive dans le second degré; on veut le faire raisonner en maniant correctement les formes logiques impliquées dans le raisonnement en oubliant que ces formes logiques ont, elles aussi, une génèse. D'autre part nous pensons naïvement qu'une fois « expliquées » ces règles logiques seront constamment utilisées par l'enfant. Il n'en est rien; c'est par de très nombreux rappels que la règle logique imprégnera tous les processus psychiques du pré-adolescent et qu'elle lui deviendra nécessaire. C'est dans cette perspective que doivent être exploités tous les problèmes de l'année propédeutique que constitue la classe de sixième : chercher à développer chez l'enfant les assises solides sur lesquelles pourra se construire le raisonnement mathématique.

III. « SAVOIR APPLIQUER »

« Arrivez à la formule générale et vous saurez résoudre tous les cas particuliers ». Voici une des affirmations que l'on entend constamment répéter dans les classes, soit que l'on s'adresse aux élèves, soit que l'on s'adresse à de futurs professeurs. Pourtant des enfants connaissent « parfaitement » les règles générales et sont incapables de faire correctement les applications, qu'elles soient purement numériques ou qu'elles se rapportent à des cas analogues. Etant donné toutes nos observations, nous nous demandons si la possibilité d'appliquer une règle générale à tous les cas particuliers n'est pas, au contraire, le produit d'une éducation mathématique presque terminée. Examinons d'abord plusieurs cas avant d'analyser la psychologie particulière de cet acte intellectuel. Nous choisirons des exemples soit en arithmétique-algèbre, soit en géométrie.

Exemple 1. Certains exercices sont de « pures » applications d'une règle générale, c'est-à-dire que l'élève doit uniquement remplacer les expressions générales contenues dans la phrase par les données particulières du problème. Après avoir appris — avec ou sans démonstration peu importe ici — la règle de divisibilité par 9 d'un nombre on pose aux élèves la question suivante : « Quelle doit être la valeur de x dans le nombre 732 x pour que ce nombre soit divisible par 9 ? »

La première constatation est que beaucoup d'élèves ne voient pas comment on peut utiliser la règle sue verbalement. Même en éliminant le cas des enfants qui ne comprennent pas le langage qu'ils utilisent il reste ceux qui ne voient pas le lien entre les deux moments mathématiques.

Exemple 2. Valeur d'une expression algébrique. Il semble qu'après les explications adéquates les élèves devraient sans difficulté répondre correctement à des questions telles que celle-ci : valeurs de l'expression algébrique $2x^3 - 3x^2 + 2x - 5$ pour $x = 1$ et pour $x = 2$. Dans une classe de 5e française nous obtenons, sur 22 élèves, 14 réponses exactes seulement.

Exemple 3. Les règles sur les puissances.

On ne peut s'imaginer, si l'on ne prend pas soin de contrôler minutieusement la compréhension des élèves, les difficultés éprouvées à propos de ces notions qui sont pourtant très simples. La leçon sur les règles principales du calcul des puissances a été faite au début de l'année scolaire. Il faut attendre la fin du trimestre pour obtenir un résultat tout juste acceptable. Pourtant il s'agit de 3 règles élémentaires à savoir appliquer :

(1) $a^m \times a^n = a^{m+n}$

(2) $(a^m)^n = a^{mn}$

(3) $\left(\dfrac{a}{b} \right)^m = \dfrac{a_m}{b^m}$

Nous n'allons pas donner le détail des résultats obtenus au cours des expériences. Disons simplement qu'après deux mois de travail les contrôles donnent les résultats suivants : sur 25 élèves, 6 seulement sont capables de faire parfaitement tous les exercices proposés à ce niveau et à ce moment !

Exemple 4. **Les identités remarquables.**

Les trois identités fondamentales sont présentées en 5e. Leur assimilation est contrôlée au moyen des épreuves suivantes :

1) Le 11 Janvier : $(3x + 2y)^2$

2) Le 8 Février : $(8x - 3y)^2$

3) Le 10 Février. Trois questions sont posées :
$$- (8x - 9y)^2$$
$$- (7x + 2y) \quad (7x - 2y)$$
$$- (9x + 4y)^2$$

4) La composition du 2e trimestre a lieu le 1er mars. Elle comporte entre autres, les questions suivantes :

$$(7x + 4y)^2 \qquad\qquad (x + 1)^2$$
$$(2x - 1)^2 \qquad (3x + 4y) \quad (3x - 4y)$$
$$(8a - 3b)^2 \qquad (x + 1) \quad (x - 1)$$

5) Une dernière interrogation de contrôle est faite le 10 Mai : les 3 dernières questions sont :

$$\left(\frac{3x}{5} + \frac{2}{7}\right)^2$$

$$\left(\frac{9x}{4} + \frac{2y}{5}\right) \left(\frac{9x}{4} - \frac{2y}{5}\right)$$

$$\left(\frac{6x}{5} - \frac{2y}{3}\right)^2$$

Les dates indiquent bien qu'il s'agit d'une longue période au cours de laquelle les connaissances ont été

systématiquement surveillées, entretenues et complétées.
Examinons maintenant les résultats.

Nous nous contenterons de donner le nombre de bonnes
réponses pour les dernières épreuves précédentes et de
commenter rapidement les résultats.

Dates	N	Questions	Bonnes réponses	Quelques erreurs
10.2.	30	$(8x - 9y)^2$ $(7x + 2y)\ (7x + 2y)$ $(9x + 4y)^2$	26 29 27	
1.3.	32	$(7x + 4y)^2$	30	13 erreurs au total sur 2ab
		$(2x - 1)^2$ $(8a - 3b)^2$	28 27	11 erreurs de signes
		$(X + 1)^2$	23	4 erreurs sur les carrés
		$(3x + 4y)\ (3x - 4y)$ $(x + 1)\ (x - 1)$	30 28	
10.5.	32	$\left(\dfrac{3x}{5} + \dfrac{2y}{7}\right)^2$	9	On a compté faux si le produit 2ab n'est pas simplifié Ex.
		$\left(\dfrac{9x}{4} + \dfrac{2y}{5}\right)\left(\dfrac{9x}{4} - \dfrac{2y}{5}\right)$	21	$\dfrac{24xy}{15}$ au lieu de $\dfrac{8}{5}$
		$\left(\dfrac{6x}{5} - \dfrac{2}{3y}\right)^2$	1	Il y a beaucoup d'erreurs de calcul sur les fractions. Ex. $2ab = \dfrac{2}{2} \times \dfrac{6}{5} \times \dfrac{2}{3} = \dfrac{24}{30}$

Toutes les difficultés ne sont encore vaincues ni au
mois de février ni au mois de mars mais les résultats
sont pourtant satisfaisants. Les résultats de la composition
correspondent à un pourcentage d'exactitude brut de
86,5 %. Il ne faut pourtant pas oublier que la question
est à l'étude depuis plus de trois mois et que les élèves

connaissent parfaitement les développements $(a + b)^2$, $(a — b)^2$, $(a + b) (a — b)$. Il s'agit d'une simple application de la formule générale à un cas particulier.

Il y a pourtant deux remarques importantes à faire. Dès que les valeurs numériques se compliquent (cas de l'épreuve du 10.5) les résultats deviennent moins bons. Ce ne sont pas seulement des erreurs de calcul qui font baisser le pourcentage d'exactitude mais aussi le fait que la formule est plus difficile à appliquer par un élève si les données ne sont pas simples. Pour qui est mathématicien le calcul formel de

$$\left[\left(\frac{\sqrt{3}}{\sqrt{7}} \right)^{\frac{4}{3}} x^7 + \frac{\sqrt{10}}{9^2} y^8 \right]^2$$

ne présente pas plus de difficultés logiques que $(2x + 3y)^2$. Il n'en est pas de même pour le jeune élève. C'est un fait vérifié à tous les niveaux depuis la toute première initiation au calcul jusqu'aux classes de baccalauréat (voir ci-dessus). Notre pédagogie doit distinguer plusieurs ordres différents de difficultés :

1) Acquisition de la formule à appliquer

2) Utilisation avec des valeurs numériques simples pour assurer une acquisition aussi parfaite que possible

3) Complication progressive des valeurs numériques ou littérales pour aboutir aux cas les plus généraux.

Le second temps de cette progression peut donner lieu à un très grand nombre d'exercices rapides faits très systématiquement au début de chaque leçon; c'est un nouvel aspect du calcul mental.

Il faut aussi noter un autre aspect de la question qui soulève un important problème : celui des cas particuliers. Tout en remettant à plus loin la discussion générale signalons ici qu'après avoir fait la leçon sur le produit d'une somme par une somme : $(a + b) (c + d)$ nous en sommes arrivés à $(a + b)^2$. La première réaction

des élèves a été d'écrire : $(a + b)^2 = a^2 + b^2$. Malgré
nos corrections cet oubli du double produit a persisté
pendant longtemps; il a fallu attendre la quatrième pour
que cette faute disparaisse complètement; mais nous
savons par d'autres recherches qu'elle existe encore
dans beaucoup de classes au niveau de la seconde.

Exemple 5. Tournons-nous maintenant vers la géométrie.
Nous ne reviendrons pas sur les difficultés rencontrées à
propos de la construction de la hauteur d'un triangle
dans tous les cas particuliers ([1]).

C'est tout à fait au début de la classe de sixième
que nous relevâmes, d'une façon très précise, les difficultés rencontrées par cette activité logique et sa
nécessité dans l'initiation géométrique. Nos leçons avaient
porté sur les différents types de triangles et sur la nomen-
clature indispensable : triangle quelconque, isocèle, équilatéral, rectangle. Pour ce dernier l'étude descriptive avait
été faite et l'on avait, autant pour des raisons mathématiques que pour des raisons orthographiques insisté
sur le mot « hypoténuse ». Au cours d'une des leçons
suivantes nous introduisons la notion d'angle et de côté
respectivement opposés et l'on apprend ainsi à nommer
le côté opposé à un angle ou l'angle opposé à un sommet.
Cette notion « générale » était acquise et l'ensemble de
la classe répondait correctement. C'est alors qu'intervient
ce qui semblait pour nous la question la plus simple qui
soit : « comment appelle-t-on, dans un triangle rectangle,
le côté opposé à l'angle droit ? » La question fut d'abord
posée d'une façon indirecte : « que peut-on dire de
l'angle droit et de l'hypoténuse dans un triangle rectangle ? ». Ce n'est qu'après avoir insisté lourdement que
la plupart des élèves sont capables d'appliquer, au cas
« particulier » du triangle rectangle, les notions présentées
précédemment. On peut penser, dans ce cas très simple,

([1]) Voir notre travail sur la notion de hauteur, o.c.

que c'est le processus même de l'application qui n'est pas compris par des élèves de 11 à 12 ans; les exemples suivants vont nous montrer que nous sommes en présence d'une question essentielle pour l'initiation à la géométrie.

Prenons comme premier exemple l'application pure et simple des cas d'égalité des triangles quelconques. L'épreuve proposée est la suivante :

On donne 2 triangles ABC et NMP pour lesquels on a :

$$AB = 7 \text{ cm} \qquad MN = 4 \text{ cm}$$
$$BC = 9 \text{ cm} \qquad NP = 7 \text{ cm}$$
$$CA = 4 \text{ cm} \qquad PM = 9 \text{ cm}$$
$$A = 103° \qquad M = 50°$$
$$B = 25° \qquad N = 105°$$
$$C = 50° \qquad P = 25°$$

Ecrire qu'ils sont égaux

1) en fonction du 2e cas
2) en fonction du 3e cas
3) en fonction du 1er cas

On demande donc aux élèves de choisir les 3 égalités qui illustrent respectivement les 3 cas d'égalité.

Sur 32 élèves, il y a 19 réponses parfaitement correctes
4 réponses complètement fausses.

Pour chacune des questions le nombre des bonnes réponses est :

1re question : 21 soit 66 %
2e question : 25 soit 78 %
3e question : 22 soit 69 %

c'est dire qu'après la série de leçons sur les cas d'égalité la plupart des élèves sont incapables d'appliquer, à un cas concret, les cas généraux qu'ils connaissent. Nous avons posé cette question parce que, justement, au cours des problèmes les plus simples, nous avions relevé la difficulté rencontrée par l'enfant qui ne savait pas manier les instruments que lui avait apportés le cours. Il y a là une étape souvent passée sous silence dans nos classes.

Avant de se lancer dans des problèmes de géométrie où les cas d'égalité sont « utilisés » il est peut-être bon d'apprendre d'abord à l'enfant à appliquer ceux-ci dans des cas extrêmement simples. On trouve ici un processus analogue à celui qui a été signalé précédemment pour l'algèbre.

Exemple 6. Le lundi 21 Novembre, la leçon sur la somme des angles d'un polygone est faite aux élèves de 4e. Leçon aussi active que possible qui aboutit, démonstration et application comprises, à la formule $S = 2 D (n - 2)$ n étant le nombre de côtés du polygone.

Mercredi 23 Novembre : interrogation de contrôle : calculer la somme des angles d'un polygone de 4 côtés. Sur 24 élèves il y a 11 réponses exactes (46 %).

La question est reprise le 12 décembre pour un polygone de 6 côtés sans avoir prévenu les élèves. Les résultats sont catastrophiques :

2 élèves aboutissent au résultat : $2 Dx (4D) = 8D$

3 élèves récitent le théorème sans l'appliquer

7 élèves appliquent la règle avec 1 droit :
$90° \times (6 - 2) = 360°$

5 autres se souviennent d'un membre de phrase : « autant de côtés moins deux » et répondent : $6 - 2 = 4$ droits.

Ce théorème sera pourtant utilisé au cours de l'étude des réciproques sur le parallélogramme (c'est d'ailleurs la raison de la question à l'improviste du 23.11) et au moment des polygones réguliers inscrits. Il est donc nécessaire de revenir sur lui afin d'assurer des bases solides pour la suite du cours.

Exemple 7. Nous prendrons un dernier exemple portant sur un processus plus complexe puisqu'il s'agit d'un raisonnement entier. Ce cas nous servira d'ailleurs d'intermédiaire entre les applications pures et simples des exemples précédents et le paragraphe suivant de cette étude.

C'était le mercredi 21 décembre. Nous avions étudié la première propriété des parallélogrammes : les côtés opposés sont égaux deux à deux; la démonstration avait été faite sur la figure suivante :

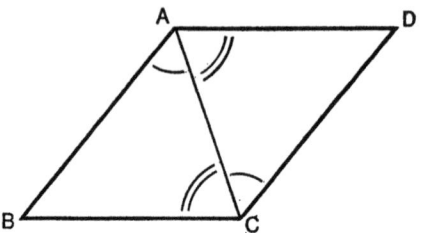

J'efface alors toutes les traces de la démonstration et je demande aux élèves de refaire par écrit la démonstration de la propriété de la figure ci-après

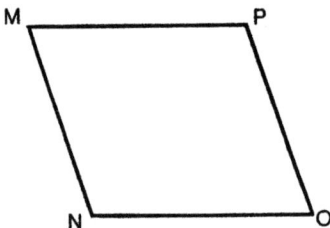

Ce qui m'importait, dans ce contrôle, était de savoir comment les élèves allaient utiliser les 2 paires de parallèles, au cours de la démonstration nouvelle.

— 12 élèves font une démonstration correcte en utilisant successivement les parallèles MP, NO et MN, OP

— 8 élèves n'utilisent qu'une seule couple de parallèles et affirment ensuite l'égalité des autres angles sans se rendre compte qu'il fallait considérer l'autre couple (point sur lequel nous avons particulièrement insisté au cours de l'étude)

— 1 élève se situe entre les deux groupes mais montre bien en quoi notre enseignement n'intéresse qu'une compréhension purement verbale. Voici, en effet, ce qu'elle écrit :

Soit les parallèles MP et NO coupées par la sécante NP

$$\left.\begin{array}{l} \hat{N} = \hat{P} \\ \hat{P} = \hat{N} \end{array}\right\} \text{comme alternes-internes}$$

Soit les parallèles MN et PO coupées par la sécante NP

$$\left.\begin{array}{l} \hat{P} = \hat{N} \\ \hat{P} = \hat{N} \end{array}\right\} \text{comme alternes-internes}$$

Elle a retenu de la démonstration précédente le double appel aux couples de parallèles. Elle n'a pourtant pas parfaitement compris la démonstration.

— 1 élève n'a pu se défaire de la figure utilisée au cours de la démonstration collective. Elle commence en considérant correctement les parallèles MP et NO coupées par la sécante NP mais fait entrer en jeu, ensuite, l'autre diagonale MO pour démontrer l'égalité des 2 autres angles.

— 3 élèves enfin, n'ont pas du tout compris la démonstration et se contentent d'affirmer l'égalité des triangles MNP et NPO.

Si nous résumons ces résultats nous avons donc : 12 élèves qui ont parfaitement compris, 8 élèves pour lesquelles une correction supplémentaire devrait suffire pour aboutir à la perfection, 2 élèves qui ont besoin d'être aidés personnellement pour rectifier leurs erreurs, 3 élèves qui n'ont pas suivi du tout.

Avant d'examiner un autre aspect du raisonnement mathématique une mise au point est ici nécessaire. Nous avons longuement insisté sur ces difficultés car elles sont trop souvent ignorées des professeurs pour lesquels la possibilité logique du passage d'une règle générale à une règle particulière est une des données immédiates de l'activité logique. Les exemples précédents nous prouvent qu'il n'en est rien.

Mais il faut aller plus loin car l'expression générale « savoir appliquer » recouvre des activités différentes selon les situations dans lesquelles se trouvent les élèves. Nous pouvons, en effet, distinguer 4 cas pour lesquels une « application » est requise.

1) Il s'agit d'abord de l'application immédiate du cas général au cas particulier, celui-ci étant présenté en même temps que la règle générale. Le professeur démontre à ses élèves l'identité $(a + b)^2$ et, immédiatement après, il demande de calculer $(2x + 3y)^2$.

2) Mais d'autres fois une activité plus complexe est requise. C'est le cas où l'éducateur n'a pas établi, à la place de l'enfant, le lien qui existe entre le cas particulier (^{1}) et le cas général. Au cours d'une interrogation écrite je demande à l'élève de calculer $(Y^3)^4$. Le premier travail consiste à retrouver la forme générale dont cette expression n'est qu'un cas particulier (ici $(a^m)^n$); il faut ensuite appliquer la règle générale. C'est dans la première intuition à avoir que gît la difficulté pour l'élève. Découvrir la forme générale sous le cas particulier est la pierre de touche du bon mathématicien. Voici une expérience qui nous éclairera sur ce point. Devant les difficultés algébriques de certains élèves nous présentâmes à des élèves de 3ᵉ une épreuve dans laquelle il leur était demandé de classer les expressions algébriques proposées par rapport à leur forme générale; il fallait, par exemple, remarquer que l'expression était de la forme $ax^2 + bx + c$. On trouvera dans le tableau suivant les pourcentages de réponses exactes au cours de deux épreuves subies par

---

(^{1}) Ici, particulier est opposé à général.

les élèves avant et après une série d'exercices relatifs à cette question.

	1re épreuve	2e épreuve
1) Forme ax + b	45 %	72 %
2) Forme ax² + bx² + c	29 %	48 %
3) Forme (ax + b) (cx + d)	36 %	64 %
4) Forme $\dfrac{ax + b}{cx + d}$	28 %	69 %
5) Formes non prévues	28 %	29 %

On s'aperçoit que les formes les mieux « reconnues » sont celles qui sont les plus familières aux élèves (binôme du premier degré). Ceci semble être une vérité de La Palice : pourtant elle nous montre la nécessité pédagogique de permettre aux élèves d'acquérir d'abord une familiarité avec les formes sur lesquelles ils vont travailler. Cela pose aussi un autre problème : c'est le rapport des connaissances et de la reconnaissance. N'est-ce pas ici un cas particulier de la dialectique qui existe, dans un autre domaine, entre langage et perception, ou connaissance et observation ? Celui qui a le plus de connaissances est celui qui observe le plus de choses. Il ne s'agit pas de prôner une pédagogie qui ne s'appuierait que sur des connaissances mais il faut reconnaître l'importance de celles-ci.

Que vaut notre action pédagogique ? Après la première épreuve, la leçon classique sur les équations complètes et incomplètes du second degré est faite. Les pourcentages d'exactitude augmentent mais n'atteignent pas des valeurs extraordinaires. L'équation du second degré n'est reconnue que dans 48 % des cas. Il n'y a plus à s'étonner de « l'inhibition » de certains élèves qui ne voient pas à quoi ils ont affaire ou des erreurs grossières faites par certains d'entre eux.

La cinquième catégorie nous permet de découvrir une des sources d'erreurs. L'assimilation de formes voisines se fait aisément par l'élève et plus le rapprochement visuel est facile, plus l'erreur est fréquente. Le pourcentage d'exactitude qui est de 44,4 pour la question 22

$$\left(x\sqrt{3} + \frac{4}{x}\right)$$

tombe à 25 et 16,7 pour les questions 4 et 8

$$\left(2x^3 + 3x + 6\right) \underset{\text{et}}{\text{et}} \left(\frac{5x^2 + 2}{3x + 7}\right)$$

Il est enfin curieux de constater que si les progrès existent pour les 4 formes prévues, il n'y a pratiquement aucun changement dans les pourcentages d'exactitude de la 5e catégorie. Notre pédagogie développe une attitude trop passive chez l'élève et nous n'excitons pas assez chez lui une activité curieuse et perspicace. On lui apprend à « utiliser » sans mettre suffisamment l'accent sur les cas où la règle étudiée ne s'applique pas. Nous avons déjà fait cette observation à propos des règles du calcul algébrique.

Nous pensons que les exercices suivants sont favorables au développement de cette « intuition » si nécessaire à l'apprenti mathématicien; ils doivent être faits presque sous forme de jeux et répétés souvent au cours de l'apprentissage.

1re série : La forme générale étant écrite au tableau, les élèves cherchent eux-mêmes (après quelques exemples donnés par le professeur) des cas particuliers qui sont notés au tableau.

2e série : Ces exemples sont conservés et, à un autre moment, on demande de retrouver la forme générale.

3e série : Plusieurs formes générales différentes sont proposées (2 au début, puis 3, 4... selon le niveau des élèves). Les élèves choisissent pour chacune des formes générales des exemples particuliers. Ces exemples sont mélangés et les élèves doivent retrouver les formes générales correspondantes.

4e série : Le professeur propose de nouveaux cas particuliers et les élèves doivent retrouver seuls les formules générales.

Pour certains élèves ces différentes étapes sont très rapidement franchies : ce sont les élèves dits « bons » en mathématiques. Pour beaucoup d'autres toute la gamme précédente est nécessaire.

Il y a un cas voisin de celui-ci pour lequel la formule générale ne joue pas rigoureusement le même rôle. C'est la situation créée par le calcul mental telle que nous l'avons décrite au chapitre correspondant. Il s'agit d'une activité psychologique légèrement différente de la précédente. De l'observation de la manière de faire une opération du type de $65 - 31$, j'en arrive à la conclusion $65 - (30 + 1) = 65 - 30 - 1$. Toutes mes expériences numériques vont se subsumer dans la formule abstraite et générale $a - (b + c) = a - b - c$. C'est cette formule simple qui va permettre les calculs les plus compliqués

$$+ 7\,yz - \left(\frac{7}{3}abx + \frac{4}{9}\,xyz \right)$$

En d'autres termes, on opère les 2 passages suivants :

exemple numérique ... formule qui généralise et simplifie;
formule générale et simple ... cas particuliers compliqués.

Mais quelle est l'activité de l'élève-débutant ? Ou il cherche à retrouver la forme générale de l'opération à effectuer et nous sommes ramenés au cas précédent; ou il procède par analogie et passe directement de

$$65 - (30 + 1) = 65 - 30 - 1$$

à $7\,yz - \left(\frac{7}{3}\,abx + \frac{4}{9}\,xyz \right) = 7\,yz - \frac{7}{3}\,abx - \frac{4}{9}\,xyz.$

C'est ce que l'on observe dans la pratique et c'est la raison pour laquelle nous avons attaché tant d'importance au calcul numérique en 6ᵉ. Pourtant nous pensons que, même dans les cas où l'analogie représente un court-circuit fort utile, le professeur ne doit pas négliger l'expression abstraite qui résume les différents cas particuliers. En ce sens, on peut dire que « induire, c'est conceptualiser » (¹); c'est donc progresser dans le domaine mathématique. En géométrie on se contente souvent d'une application « analogique » et c'est la raison pour laquelle nous avons présenté l'exemple 7. On part d'un raisonnement qui s'applique à un cas singulier; on cherche à en découvrir l'essence (qui est ici moins claire qu'en algèbre) et à l'appliquer à un autre cas singulier. Les résultats nous ont montré que beaucoup d'élèves ne faisaient qu'une application maladroite et l'on peut penser que la recherche de l'aspect formel du raisonnement n'avait peut-être pas été suffisamment mis en relief au cours de l'étude collective.

On peut se demander si pédagogiquement les deux derniers cas distingués ne devraient se fondre en un seul et si, par une expérience prolongée avec les cas particuliers (opposé ici au cas général ou la formule abstraite) il ne serait pas souhaitable d'habituer l'élève à retrouver lui-même les règles principales sans avoir besoin de passer par la formule générale qui introduit un côté un peu artificiel en mathématiques.

Il est certain que chaque fois que cela sera possible les formules générales ou les règles principales devront être introduites en prenant appui sur un très grand nombre d'exemples concrets et n'apparaîtront que comme un résumé de toutes les « expérimentations » antérieures. On conçoit, par exemple, qu'au lieu d'appliquer machinalement la formule permettant de calculer les 2 racines de l'équation du second degré il soit plus éducatif pour un

_____

(¹) Daval et Guillemain, *Philosophie des Sciences*, P.U.F., page 195.

élève de résoudre directement l'équation $3 x^2 + 5 x - 7 = 0$ en refaisant la suite des opérations qui permettent d'arriver à la formule. Nous pensons que de tels exercices ne doivent pas être négligés et qu'ils sont très profitables pour éliminer des formules la valeur un peu magique qu'elles ont aux yeux de beaucoup d'élèves.

Pourtant, il serait erroné, à notre avis, de vouloir supprimer l'utilisation des formules générales qui jouent un rôle fondamental dans les aspects mathématiques de l'éducation et de la vie. Nous avons rappelé tout à l'heure que ce passage du « singulier » au « général » était un pas sur le chemin de l'intelligence. Les formules générales vont permettre de dépasser le plan du concret et d'introduire l'adolescent dans le domaine de la représentation; nous consacrerons un sous-chapitre spécial à la question de la « traduction » et nous verrons qu'il est nécessaire, pour accéder au plan mathématique, d'habituer l'enfant à cette traduction abstraite. J. Piaget a parfaitement montré qu'après le stade des opérations concrètes apparaissait, au moment de l'adolescence, celui des opérations formelles. C'est de cela qu'il s'agit ici et vouloir se passer de la formule ou de la loi générale c'est limiter les possibilités intellectuelles de l'individu. Psychologiquement, les formules générales vont permettre la constitution des « groupes » qui donneront plus de puissance à la pensée et favoriseront les formes les plus évoluées de la pensée mathématique. Si l'aspect abstrait des mathématiques reste en relation constante avec le domaine du concret et si entre eux deux s'établissent des relations réversibles, l'éducation aura atteint un de ses buts essentiels.

D'une façon plus pratique, d'ailleurs, il est utile et même nécessaire d'apprendre aux élèves à appliquer une formule, c'est-à-dire à se tirer d'embarras lorsqu'on se trouve dans la situation examinée au N° 2. Est-ce que toutes les formules que nous proposons aux élèves leur ont été démontrées ? Non. On en accepte quelques-unes. Il en est de même pour beaucoup de techniciens qui auront des formulaires à utiliser. La question se pose même pour des étudiants de psychologie qui doivent se servir de formules de statistiques !

Nous voudrions enfin considérer un autre cas qui relève, à notre avis, des processus « d'application ». L'exemple suivant fera comprendre de quoi il s'agit.

Le lundi 12 décembre, au cours d'une interrogation de contrôle se trouve la question : « Que peut-on dire d'un triangle rectangle dont un des angles aigus vaut 45° ? » Je suis certain que pour tous les élèves de la classe l'association réciproque : triangle isocèle - angles à la base égaux est réalisée... au moins sur le plan verbal. Résultat brut : sur 25 élèves, 13 répondent, après avoir calculé l'autre angle, « c'est un triangle isocèle » soit 52 %, alors que toutes les 25 élèves connaissent le théorème direct et le théorème réciproque relatifs à la propriété angulaire de ce triangle. Neuf élèves trouvent la valeur de l'autre angle; trois n'ont rien fait. C'est le cas intermédiaire des 9 élèves qui nous intéresse ici. La propriété générale est connue : angles égaux, d'où triangle isocèle; la situation les met en présence d'angles égaux mais la conclusion n'est pas tirée. Il ne s'agit pas ici d'une difficulté d'ordre mathématique mais d'un manque de dynamisme intellectuel qui aboutit à ne pas tirer les conséquences les plus évidentes d'une situation déterminée. Et nous rejoignons ce que nous avons dit sur l'activité des élèves au cours du raisonnement. Savoir appliquer une propriété c'est savoir suivre le chemin déjà tracé entre le cas général et le cas singulier; c'est aussi être capable de découvrir le pont qui relie les deux termes du processus. Beaucoup de problèmes simples proposés aux débutants ne sont qu'une vulgaire « application » d'un théorème ou d'une formule. Pourquoi n'a-t-on pas cherché à réduire le nombre considérable d'échecs ?

Cas particuliers. Nous avons utilisé au cours de nos analyses l'adjectif « particulier » dans le sens d'opposé à général; nous avons posé $3x + 5$ comme étant un cas particulier de ax + b; c'est ici le langage courant du mathématicien. Mais l'adjectif « particulier » a un autre sens qui le rapproche un peu d'exceptionnel ou d'anormal; c'est ainsi que l'on dira : a^o est un cas particulier de a^m ou que

$$\frac{5\,x^2 + 3}{2\,x^2 + x}$$

est un cas particulier (formule incomplète) par rapport à la forme générale

$$\frac{ax^2 + bx + c}{a'x^2 + b'x + c'}$$

C'est cette dernière catégorie de cas particuliers que nous voudrions examiner car ils présentent des difficultés curieuses auxquelles on ne s'attendait pas, de prime abord.

On procède souvent, en effet, des cas particuliers au cas général en oubliant que ceux-là ont une certaine étrangeté qui ne les fait pas d'emblée placer, par l'enfant, dans le cas général. La dialectique déjà difficile pour l'enfant du singulier et du général se double d'une autre dialectique du singulier et du particulier. On classe aisément dans la même famille a^3, a^7, a^{14} mais on hésite à y mettre a^1 et a^o. On sait parfaitement calculer $(a + b) \times (c + d)$ mais on échoue devant $(a + b)^2$ qu'on traduit par $a^2 + b^2$. On sait développer $(a + b)^2$ mais $(a + 1)^2$ est une source d'échecs. L'équation $3\,x^2 + 7\,x - 5 = 0$ sera résolue correctement mais $2\,x^2 - 5 = 0$ ou $7\,x^2 + 8\,x = 0$ constituera un obstacle.

L'exemple le plus fort de ce phénomène nous a été donné par notre classe de 4e à propos de l'exposant 0. Au cours de quelques leçons précédentes les règles générales du calcul des puissances avaient été présentées. Afin de mieux faire apparaître l'exposant 0 et sa signification, je commence à rappeler que

$$\frac{13}{13} = 1, \quad \frac{27}{27} = 1, \frac{a^7}{a^7} = 1 \text{ et que } \frac{a^m}{a^n} = a^{m-n}$$

Il semble très naturel que lorsque m = n on passe rapidement de

$$\frac{a^m}{a^m} = a^{m-m} = a^o = 1.$$

Réactions de toute la classe : a^o est identifié à *a* ou à *0* mais $a^o = 1$ n'est pas accepté. Il a fallu plusieurs séances pour aboutir aux exercices suivants faits sans faute :

$$7' = 7 \qquad 7^o = 1 \qquad 7^2 = 49$$

Le professeur de mathématiques devra donc faire attention; certains cas particuliers sont effectivement plus simples que les cas abstraits sur lesquels l'enfant n'a pas encore de prise; d'autres fois, ce que l'on appelle le cas particulier introduit une difficulté supplémentaire dans la mesure où son étrangeté fait obstacle à son rangement dans le cas matériel.

Nous avons insisté longuement sur ce premier aspect du raisonnement mathématique. Au niveau de l'initiation, il nous paraît particulièrement important. Combien d'enfants consciencieux savent leur cours et sont incapables de faire le problème le plus élémentaire ? Et comment aborder la recherche d'un problème si l'on ne possède pas les mécanismes élémentaires du passage réversible du général au particulier ? Ces enfants ressemblent à des guerriers qui ont acheté des armes dont ils ne savent pas se servir. Ils répètent des formules verbales qui sont vides de sens pour eux et sont incapables de leur donner le moindre contenu. Nous retrouverons ce problème de la liaison langage-réel en étudiant plus loin le problème de la « traduction ». Mais on peut affirmer que si tous les élèves du second degré étaient capables d'appliquer correctement, au sens le plus simple du terme, les connaissances qu'ils possèdent à des cas singuliers, de grands progrès seraient déjà réalisés par la pédagogie des mathématiques. D'ailleurs, est-ce que bien connaître une loi générale ne se ramène pas, en définitive, à être capable de l'appliquer dans tous les cas particuliers ?

IV. APPLICATION « AMPLIFIANTE »

L'exemple N° 7 du sous-chapitre précédent nous mettait en présence d'un processus très voisin du raisonnement analogique : il s'agissait de refaire un raisonnement dans un autre cas de figure. L'épreuve que nous allons présenter va nous permettre d'aller plus loin. Il nous faut étudier maintenant comment les élèves sont capables d'utiliser un canevas logique dans des cas nouveaux, certes, mais très voisins. Dans les 4 parties de l'épreuve l'essentiel du raisonnement peut ainsi se résumer :

1 bissectrice ... 2 angles $\hat{X}_1$ et $\hat{X}_2$ égaux;

2 parallèles coupées par une sécante ... 2 angles $\hat{X}_2$ et $\hat{Y}$ égaux, d'où la conséquence $\hat{X}_1 = \hat{Y}$.

Les quatre questions sont :

1) On considère un triangle quelconque ABC. On trace les bissectrices BD et CE des angles B et C qui se rencontrent en I. Par I on trace JK parallèle à BC. Démontrez que le triangle IJB est isocèle.

2) Démontrez que le triangle IKC est isocèle.

3) On considère les bissectrices extérieures des angles B et C qui se coupent en I'. Par I' on trace la parallèle LM au côté BC. Trouvez une propriété de la figure ou démontrez qu'il y a des triangles isocèles ainsi déterminés.

4) On considère un triangle ABC. On trace AD bissectrice de l'angle A. Par le point C on trace la droite DE parallèle à AD. Etudiez le ou les triangles isocèles de la figure.

Nous avons, pour faire cette expérience, utilisé deux classes de 4e et nous avons procédé de la façon suivante : la première question a été d'abord cherchée par les élèves; une correction fut faite et l'on s'assura que toute la classe avait compris le raisonnement utilisé. Ce n'est qu'à ce moment que les élèves furent invitées à rédiger seules la solution de cette première question.

La deuxième question fut d'abord présentée sous la forme suivante : « trouvez une propriété du triangle IKC ». Après avoir laissé travailler les élèves, je précise qu'il s'agit de démontrer que le triangle est isocèle.

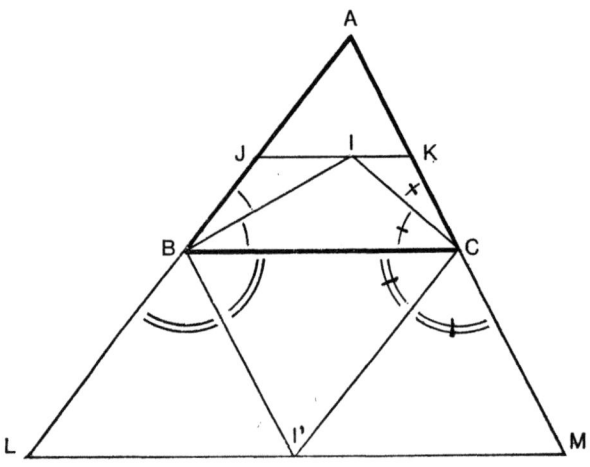

On procède de même pour la troisième et la quatrième question. Les résultats montreront les difficultés de cette méthode qui consiste à laisser trouver par les élèves eux-mêmes la propriété à démontrer.

Les résultats indiqués ci-après correspondent à deux classes différentes du niveau de la 4e française.

Question	Classe n° 1 N = 25	Classe n° 2 N = 21
1	24 bonnes réponses	14 bonnes réponses
2	19 bonnes réponses	8 bonnes réponses 3 réponses douteuses
3	8 bonnes réponses 5 réponses douteuses	2 bonnes réponses 3 réponses douteuses
4		4 bonnes réponses 3 réponses douteuses

Commentaire : Les deux classes sont soumises à des méthodes différentes par des professeurs différents. La comparaison des résultats obtenus à la première question et à la seconde montre bien l'importance des habitudes intellectuelles données aux élèves.

Les résultats de la deuxième question vérifient ceux de l'exemple N° 7 précédent. Les 19 élèves appartiennent toutes aux 20 (12 + 8) élèves considérées alors. Mais dans l'autre classe 8 élèves seulement donnent une démonstration. Dans 3 cas, on voit apparaître une lueur de compréhension mais l'argumentation est soit incomplète, soit en partie erronée. Nous sommes ici en présence d'un problème fondamental pour la pédagogie des mathématiques car nous devons d'abord initier nos élèves à cette activité psychologique qui consiste à utiliser les étapes d'un raisonnement à des problèmes de plus en plus éloignés du problème initial. Les résultats de cette question N° 2 nous prouvent la nécessité d'une telle initiation. Cette règle pédagogique va se trouver encore confirmée par les résultats suivants. Mais l'analyse précise de certaines des copies pose un problème nouveau qui est intéressant sur le plan méthodologique; les erreurs de certaines élèves, en effet, nous amènent à poser la question de la compréhension réelle des élèves et le rôle joué par la mémoire verbale. Sur les 6 erreurs, 5 sont dues au fait que les élèves n'ont fait appel qu'aux parallèles et ne parlent pas de la bissectrice; en lisant les copies on a l'impression qu'il y a eu acquisition d'un schème verbal : « considérons les deux parallèles coupées par la sécante... » mais que la « raison » du raisonnement qui va justifier toute la démarche de l'esprit n'a pas été saisie. C'était la conclusion à laquelle nous arrivions avec l'exemple N° 7 précédent. C'est aussi la remarque que l'on peut faire dans une classe lorsqu'on étudie les droites concourantes dans un triangle : médiatrices et bissectrices. On peut mettre en évidence le « squelette du raisonnement » qui est utilisé dans les deux cas : cette démarche est indispensable mais elle n'est guère comprise, appréciée et utilisée au niveau de la cinquième. A cet âge, les enfants sont encore incapables de cette abstraction (qui est de l'ordre de la logistique) et ne peuvent pas passer facilement d'un système à l'autre. Il semble que ce soit au niveau de la quatrième qu'un tel travail soit profitable à condition que l'année précédente ait permis d'acquérir des connaissances suffisamment précises pour faire ce travail de rapprochement et d'analyse.

La troisième question soulève d'autres problèmes psycho-pédagogiques. Les conditions légèrement différentes pour les deux expériences ont apporté des précisions sur l'activité psychique des élèves. Dans la classe N° 1, en effet, la question avait été, au début, la suivante : trouver une propriété de la figure. Les 5 réponses douteuses sont celles des élèves qui n'ont pu trouver seules quels étaient les triangles isocèles de la figure mais qui ont pu terminer correctement la question après les indications supplémentaires que j'ai données. L'analyse détaillée des résultats de la seconde classe, en effet, montre que la grande difficulté consiste à découvrir quel est le triangle isocèle; les trois réponses dites « douteuses » sont celles dans lesquelles l'élève a reconnu qu'il s'agissait du triangle CIM ou BIL mais qui n'ont pas su terminer correctement leur démonstration; mais, sur les 15 échecs il y en a 9 qui tiennent au fait que le triangle BIC est posé, dès le début, comme étant isocèle. Et les arguments sont cherchés pour administrer une telle preuve. La marche logique de l'élève est ici claire et l'on peut la reconstituer aisément : ce ne sont pas les conclusions qui sont déduites d'un ensemble de propriétés mais ce sont les propriétés qui sont appelées, déformées ou inventées pour justifier la conclusion. On est donc amené à se poser une question cruciale pour la pédagogie des mathématiques : est-ce que les problèmes au cours de l'initiation doivent être présentés sous forme de devinettes qu'il faut ensuite démontrer : que peut-on dire de..., trouvez une propriété..., à quoi vous fait penser... ? Dans la 4e normale nous avons posé la 4e question sous la forme indiquée plus haut. Sur les 14 échecs, 12 sont dus en partie au fait que l'élève a commencé ainsi : il y a 3 triangles isocèles : ABD, ADC, AEC; et si l'on doit oublier un triangle c'est AEC, celui qui justement est le seul à répondre à la question.

La règle pédagogique essentielle consiste donc à assurer tout d'abord la consolidation des cadres logiques avant de les faire utiliser dans des situations qui risqueraient de morceler le fragile édifice qui se construit. Avant d'aborder les problèmes, le professeur doit s'assurer de la solidité suffisante de l'élève qui ne doit pas, dans des cas aussi simples, se trouver en présence d'un échec. La conduite pédagogique la meilleure aurait été de dire ici : « démontrez que le triangle CIM est isocèle ». Mais le psychologue aurait perdu ce que gagnait le pédagogue. Pourtant, il faut bien arriver à habituer l'élève à imaginer les propriétés possibles de la figure et vérifier logiquement si elles sont exactes ou non. On est en présence de la véritable attitude réversible dont Piaget a fait l'essentiel de l'intelligence. C'est aux environs de la quatrième, c'est-à-dire vers 14 ans, que se développent ces possibilités logiques. Nous l'oublions trop souvent et voulons fournir un contenant déjà riche (propriétés, théorèmes...) avant que les cadres soient suffisamment établis. Les premières acquisitions mathématiques doivent avoir cet aspect fonctionnel qui seul permet un développement ultérieur fécond et harmonieux.

Nous allons apporter une dernière preuve à cette nécessité de pousser très loin l'analyse d'un raisonnement car les élèves ne sont pas tous enclins à faire ces rapprochements qui paraissent évidents aux mathématiciens. La 4e question n'a pas été présentée rigoureusement de la même façon dans les deux classes; dans la 4e No 1, elle fut proposée plusieurs jours plus tard avec, en supplément, l'interrogation suivante : « pourquoi la question a-t-elle été posée ? » Nous avions pourtant bien insisté sur l'association : droites parallèles et bissectrices; 2 élèves seulement ont noté que ce problème faisait suite aux précédents. Il est donc nécessaire d'insister et de faire remarquer ces analogies. Le professeur ne doit pas se contenter de donner ou de faire trouver la solution d'un problème; à partir d'un certain moment — la quatrième d'après nous — il doit aller plus loin encore dans l'effort de formalisation et ne pas se contenter d'une « compréhension superficielle ». Nous parlerons ici d'une « compréhension profonde » pour caractériser cette activité psychique qui modifie et enrichit l'esprit mathématique de l'élève.

V. LE PROBLEME DE LA « TRADUCTION » EN MATHEMATIQUES

Le problème de la traduction est d'une importance capitale, aussi bien en ce qui concerne les mathématiques qu'en ce qui concerne l'ensemble de l'évolution intellectuelle. Tous les auteurs ont montré que, dans la mesure où la pensée se plaçait sur le plan de la représentation (re-présentation), il y avait passage d'un système de référence à un autre système de référence : la découverte du second système et les inter-relations des deux champs en présence constituent les aspects capitaux de l'évolution intellectuelle; il en est de même dans le cas particulier du raisonnement mathématique. A toutes les étapes de la vie psychique on peut se trouver en présence d'une « traduction » particulière.

En étudiant l'évolution du langage chez l'enfant, H. Wallon a montré l'importance du passage du « mot-phrase », où « les mots qu'il énonce (l'enfant) sont un condensé de l'objet et des actions ou désirs qui y répondent » (¹) à la phrase dans laquelle « sa parole devra nécessairement se détailler dans le temps, alors que la chose à exprimer répond à un trait momentané de sa conscience. La distribution dans le temps de ce qui se présente d'abord comme simple intuition momentanée de la conscience est sans doute l'opération la plus critique du langage et de la pensée discursive » (¹). C'est exactement ce que nous allons observer avec un « vaste décalage » et quelques modifications quand nous étudierons l'intuition d'un raisonnement et sa mise en forme. Passer du plan de l'impression affective au langage c'est devenir capable d'une première traduction.

Longtemps d'ailleurs, l'enfant éprouvera des difficultés, même après avoir découvert et utilisé plusieurs séries contemporaines, pour mettre ces séries en relations et être capable de traduction réversible. Il suffit ici de rappeler les très importants travaux de J. Piaget à propos de la constitution de la notion de nombre; parmi les conditions essentielles qui permettront au nombre de se développer, Piaget indique la mise en correspondance de deux séries et, sans répéter ici ce que l'on trouve dans « La genèse du nombre chez l'enfant », on peut dire que l'accord d'une série d'objets et de la série verbale 1, 2, 3... est un des aspects de cette traduction qui nous occupe actuellement. Les débuts de l'initiation au calcul peuvent être analysés dans cette perspective. Qu'est-ce que faire un problème pour l'enfant de 7 ans ? C'est réaliser, réellement ou en pensée, une opération concrète puis la « traduire » au moyen d'une opération; et l'on sait que cet apprentissage ne va pas sans peine.

(¹) *De l'acte à la pensée*, page 203.

Devant toutes ces difficultés, observées à tous les niveaux et concernant des questions différentes, nous avons analysé d'assez près certains de ces processus. La « traduction » présente en mathématiques, en effet, de nombreux visages et l'on verra que savoir correctement traduire, c'est souvent poser correctement le problème. Quand un problème est correctement posé, il est à moitié résolu. Mais on est en droit de se demander si savoir traduire correctement n'est possible qu'à partir du moment où l'on domine la question, c'est-à-dire où l'on est capable de la résoudre.

Expérience N° 1. Nous nous trouvons en présence de ce problème dans le domaine géométrique lorsqu'il s'agit de traduire une longue phrase ou un simple mot par soit un symbole, par une ou plusieurs égalités. On s'aperçoit en effet que les conventions les plus élémentaires (// pour parallèle et $\perp$ pour perpendiculaire) ne sont pas assimilées d'emblée par les élèves et qu'il faut, par une série d'exercices, les amener à la relation réversible :

AB perpendiculaire à XY ... AB $\perp$ XY
CD // LM ... CD est parallèle à LM

Le problème se complique lorsqu'il ne s'agit plus seulement d'un symbole mais d'une traduction réelle dans une autre forme : ABC est un triangle équilatéral AB = BC = CA. Ce fut le grand travail dans notre classe de sixième au cours de laquelle furent systématiquement constituées ces habitudes de traduction; d'où les séries de résultats obtenus que nous commenterons ensuite.

a) A peu près toutes les notions élémentaires de géométrie ont été étudiées de la sorte. Nous n'indiquons, dans le tableau suivant, que les résultats relatifs au triangle équilatéral afin de ne pas trop alourdir notre exposé.

b) Commentaires. Un simple coup d'œil permet d'affirmer, en accord sur ce point avec les professeurs de langues vivantes que le « thème » est plus difficile que la « version ». Mais quand un élève doit faire un raisonnement il

EXTRAIT DU TABLEAU GENERAL DES RESULTATS

Notions	de la réalité à la traduction			de la traduction à la réalité		
	Dates	Nb d'élèv.	Bonnes réponses	Dates	Nb d'élèv.	Bonnes réponses
triangle équilatéral	20.10. 10.11. 2.12. 9.3. 25.2	36 35 33 36	7 20 28 33	3.11. 17.11. 25.11.	37 35 36 35	25 26 30 30

est nécessaire qu'il fasse un thème et c'est là une première difficulté; on exige, en effet, de l'élève qu'il décrive les hypothèses et les conclusions du problème; comment répondre à cette demande si le passage de la formule verbale à l'expression mathématique ne se fait pas automatiquement ? L'on voit aisément sur le tableau qu'un véritable apprentissage est nécessaire et qu'après plusieurs mois la totalité des élèves d'une classe ne répond pas parfaitement aux questions posées. Il a fallu attendre la 4e pour que ce genre d'épreuve soit inutile et que toutes les élèves utilisent correctement et indistinctement la forme verbale ou la forme mathématique. Dans des cas de problème difficile, il est d'ailleurs utile, même à cette époque de la scolarité, de raviver les souvenirs et de pousser plus loin le processus. Nous en avons profité, en effet, pour montrer aux élèves comment il fallait s'habituer à dépasser la donnée pour en rechercher la signification qui sera utilisée au cours du problème par exemple. La lecture de l'expression $PA = PB$ peut se traduire ainsi :

1) PA égal PB
2) P est à égale distance de A et de B
3) le triangle PAB est isocèle
4) le point P est sur la médiatrice du segment AB

Cette insuffisance constatée chez la plupart des élèves est à la base de cette inhibition qui entrave la recherche d'un problème; l'attitude trop passive des élèves les amène au pied du mur qu'il serait possible de franchir grâce à un petit effort de traduction inverse supplémentaire. Nous retrouvons cette question ultérieurement.

Remarquons enfin que cette activité psychique a un autre intérêt sur le plan du raisonnement : elle dépouille le cas concret et extrait l'essence mathématique. La notion de bissectrice est liée à une certaine figure et, par-là, à une perception déterminée; écrire que $\hat{A}_1 = \hat{A}_2$ c'est apprendre à se détacher du cas singulier pour s'habituer à l'aspect formel de la notion. Retrouver l'essentiel sous le contingent, le fondamental parmi l'inutile ou le parasite est une démarche utile et nécessaire à tout mathématicien. Mais le professeur devra prendre conscience qu'il y a un processus auquel il faudra initier l'élève moyen sinon seuls les élèves bons en mathématiques participeront à la conversation avec le professeur.

Expérience N° 2. — La question des graphiques.

Ici le problème est d'un niveau supérieur en ce qui concerne l'opération pshycologique car une véritable abstraction est nécessaire; tous les éléments concrets d'une situation seront traduits par un segment de droite, quelles que soient leur nature et leur hétérogénéité.

A) premier exemple. Au cours d'un exercice nous trouvons le problème suivant : « la Suisse a une superficie de 41.000 km², la Belgique 10.350 km² de moins que la Suisse qui a elle-même 1.350 km² de moins que le Danemark ». Je demande aux élèves de traduire cet énoncé au moyen d'un croquis. A cette époque les élèves ont, en moyenne 11;10. Depuis longtemps on les a habituées (dit-on, au moins) à « faire des graphiques ». Il y a pourtant 8 élèves qui sont incapables de répondre correctement à la question. Un commentaire détaillé retrouverait les difficultés de sériation analysées par J. Piaget et reprises par L. Johannot à propos du problème des 25 F. (¹). Notons simplement que si l'énoncé se complique légèrement le nombre des résultats exacts diminue beaucoup. C'est ainsi que pour le problème suivant : « 4 champs ayant la forme d'un rectangle, d'un triangle, d'un trapèze et d'un losange ont une surface totale de 26.151 m². Le rectangle mesure 7.313 m² de plus que le triangle, le triangle 1.416 m² de moins que le trapèze et le trapèze 1.090 m² de plus que le losange. Quelle est la surface de chaque champ ? » Il n'y a que 12 graphiques corrects sur 26 élèves en fin de la 5ᵉ.

B) Deuxième exemple. Il arrive que le graphique traduise à la fois les diverses données concrètes de l'énoncé et une donnée temporelle à savoir l'ordre des opérations à effectuer. Considérons le problème déjà utilisé au chapitre précédent : « une fermière va au marché avec 185 francs dans sa bourse; elle vend un lapin 290 francs, un poulet 310 francs et un canard; elle achète 582 francs de tissu et paie, en outre, 75 francs pour son billet de chemin de fer. Elle rapporte 423 francs. Calculez le prix de vente du canard ». Lorsque mon fils me rapporta ce problème un soir je lui « expliquai », au moyen du graphique ci-dessous :

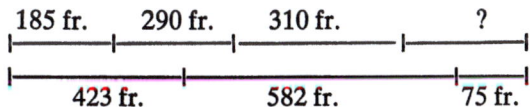

et l'enfant me posa alors la question : « pourquoi les deux lignes sont-elles égales ? » La réaction de l'enfant mettait le doigt sur le problème essentiel et sur la difficulté psychologique d'une telle solution. Est-ce la

(¹) L. Johannot, *Le raisonnement mathématique de l'adolescent.*

traduction graphique du résultat qui permet de trouver la solution ou bien est-ce parce que l'on sait comment il faut faire le problème (le gain $+$ l'argent possédé $=$ la dépense) que l'on trouve la traduction graphique adéquate ? C'est en effet, à un autre stade que se place efficacement un graphique tel que le précédent : après avoir mis l'enfant en présence du principe de la solution on pose alors les 2 lignes égales

sur lesquelles l'enfant peut alors dessiner les éléments de l'énoncé. Le graphique a donc certainement une valeur didactique mais pas toujours une valeur de découverte.

Ces remarques ont été confirmées par les résultats d'un problème analogue proposé aux élèves de sixième; les erreurs numériques sont insignifiantes et la pierre d'achoppement reste le graphique. Sur 25 élèves il n'y en a que 11 qui construisent correctement le graphique.

C) Troisième exemple. Nous terminerons ces exemples par l'analyse détaillée d'un problème que nous avons proposé trois ans de suite aux mêmes élèves. De précieuses conséquences pédagogiques pourront être établies Le problème est le suivant : « un propriétaire échange la moitié d'un terrain contre une maison; il doit verser en plus 300.000 fr. s'il avait échangé le terrain contre la même maison il aurait dû recevoir 60.000 fr. avec la même maison. Quelle est le prix du terrain et quel est celui de la maison ? » Nous allons donner une présentation systématique et ordonnée des résultats pour ne pas trop allonger notre propos. Les problèmes ont été proposés dans des conditions identiques en 6e, 5e, 4e aux mêmes élèves.

Il est facile de classer les différentes conduites et d'en étudier l'évolution au cours de ces trois années. (Voir tableau ci-après).

Types de réponses	Classe de 6ᵉ N = 36	de 5ᵉ N = 37	de 4ᵉ N = 23
1) Aucun graphique	10/36	20 élèves dont 6 problèmes exacts	0
2) Graphique sans intérêt mathématique. Graphique naïf : maison représentée et un rectangle pour le champ.	10/36	3/37	2/23
3) Le graphique est décomposé en 2 sous-graphiques traduisant chacun un aspect de l'énoncé. Les relations entre les 2 parties ne sont pas indiquées. ⅓ terrain + 300.000 fr. |————|················ |—————————| maison terrain |—————————| |————|————| maison + 60.000 fr.	4/36	3/37	15/23
4) Le graphique est découpé en 3 parties ½ terrain + 300.000 fr. |————|················ maison |————| terrain entier + 60.000 fr. |—————————|	1/36	3/37	4/23
5) Le graphique n'a que 2 lignes mais l'élève ne fait explicitement intervenir qu'une seule donnée ½ terrain |————|················ |—————————| maison	5/36	1/37	2/23
6) Le graphique n'a que 2 lignes mais l'élève fait explicitement intervenir toutes les données.	6/36	2/37	0

Commentaires : Regardons rapidement comment s'organisent les progrès des élèves au cours de ces années successives. De la 6ᵉ à la 5ᵉ il y a 34 élèves qui ont fait les 2 épreuves. Si nous désignons par + ou par — la réussite ou le succès on a la répartition suivante :

Classe de 6ᵉ	Classe de 5ᵉ	Nombre
—	—	17
—	+	10
+	—	1
+	+	6
		34

Sur 34 élèves on peut dire que 10 seulement on fait un progrès en ce qui concerne ce problème. Le pourcentage d'exactitude est passé de

$$\frac{7}{34} = 20,6 \ \% \ \text{à} \ \frac{14}{34} = 41 \ \%$$

Nous avons 23 élèves qui ont fait les 3 épreuves et, un tableau identique au précédent donne les résultats suivants :

Classe de 6ᵉ	Classe de 5ᵉ	Classe de 4ᵉ	Nombre
—	—	+	5
—	+	+	4
—	—	—	8
+	—	+	1
+	+	+	5
			23

Nous constatons qu'il y a 8 élèves sur 23, c'est-à-dire 35 % qui ne savent pas encore faire ce problème. Les pourcentages successifs de réussite, sur ces 23 élèves, s'établissent ainsi :

$$6^e : \frac{6}{23} \text{ soit } 26 \%$$

$$5^e : \frac{9}{23} \text{ soit } 39 \%$$

$$4^e : \frac{15}{23} \text{ soit } 65 \%$$

Un collègue auquel je présentais ces résultats eut cette belle réponse : « Et pourtant, il n'y a qu'à faire le graphique ! »

Le tableau général des résultats montre où se trouve la difficulté essentielle au niveau de la 4e : 15 élèves sur 23 appréhendent successivement les deux parties de l'exposé mais en restent au stade de la juxtaposition. L'effort de synthèse qui permet de réunir ces 2 graphiques en un seul et qui conduit à la solution n'est pas réalisé.

Nous voyons ici en quoi la traduction est utile au psycho-pédagogue pour analyser les difficultés rencontrées par l'enfant. Une des lignes de chacun des graphiques joue un rôle différent dans chaque cas tout en représentant la même réalité. Nous sommes ici en présence d'une difficulté analogue à celle que nous avons signalée à propos de la notion de hauteur et qui est mise en évidence par les gestaltistes.

Le psycho-pédagogue, enfin, ne peut pas ne pas se poser une question en ce qui concerne l'intérêt et l'utilité de tels exercices au niveau de la sixième. Le problème appartient explicitement au programme de cette classe. Les résultats sont décevants; les progrès le sont encore plus surtout si l'on songe qu'une correction du problème a été faite. C'est au début de la 4e que s'amorce l'accroissement sensible des bons résultats; les réussites au problème ne s'accompagnent pas forcément d'un bon graphique

(N° 4 ou N° 6) puisque pour 15 solutions exactes il n'y a que 4 croquis type N° 4. La réussite des élèves ne correspond pas encore à celle de l'adulte et l'on peut penser qu'une part d'intuition plus ou moins logique entre en jeu dans la solution de ce problème. Les copies pourtant ne se ressemblent pas et nous avons noté que les copies de 4e étaient plus dépouillées, plus sobres, plus nettes et présentées plus logiquement que celles des années précédentes. Mais nous sommes encore loin d'avoir développé chez nos élèves la pureté et l'élégance des traductions mathématiques.

C'est cette difficulté qui va apparaître de nouveau sous une forme très peu différente au moment de la mise en équation d'un problème d'algèbre. On distingue généralement plusieurs étapes dans leur résolution :

1) Choix de l'inconnue
2) Mise en équation
3) Résolution de l'équation
4) Discussion

Au début de l'initiation les deux premières étapes sont presque indépendantes, ce n'est que plus tard qu'une interaction se fait entre elles. Mais, une fois l'inconnue choisie, la mise en équation n'est que la traduction de l'énoncé dans un nouveau langage. Les difficultés éprouvées sont identiques, en ce qui concerne ces premières étapes, à celles que nous venons de signaler. Beaucoup d'échecs en algèbre, indépendamment de l'aspect technique du calcul algébrique, sont liés à l'impossibilité dans laquelle se trouvent les élèves d'utiliser un nouveau langage qui leur simplifiera leur travail.

Nous n'allons pas allonger démesurément cet aspect du raisonnement mais nous voudrions signaler, en guise de conclusion quelques domaines mathématiques où se retrouvent ces problèmes de traduction.

D'une façon très concrète on les retrouve au moment de l'acquisition des symboles mathématiques. Beaucoup d'incompréhensions et de difficultés dans la question des racines tiennent au fait que la signification du signe $\sqrt{}$ n'est pas clairement connue c'est-à-dire que, par définition :

$$\left(\sqrt[3]{a}\right)^3 = a \qquad \left(\sqrt[N]{a}\right)^N = a$$

Il en est de même pour les exposants $x^3 = x.x.x$

En algèbre tous les chapitres relatifs aux traductions graphiques des fonctions algébriques sont bâtis, en partie, sur la traduction d'un phénomène algébrique par un fait graphique. Et les difficultés rencontrées, par exemple, dans l'étude graphique du mouvement uniforme, tiennent au fait que la signification des courbes n'est pas clairement établie. Il en est de même pour l'interprétation du point de rencontre de 2 courbes.

$$y_1 = f_1(x)$$
$$y_2 = f_2(x)$$

qui permet de résoudre graphiquement l'équation

$$f_1(x) - f_2(x) = 0$$

On peut aller plus loin encore et, à notre avis, sans que nous ayons le temps d'en faire une étude systématique, nous pensons que ces « traductions » successives d'un phénomène dans un langage nouveau constituent la pierre d'achoppement essentielle des élèves de première qui étudient le trinôme du second degré. Passer d'une ligne à l'autre doit se traduire clairement : l'on part de $f(x) = ax^2 + bx + c$ et l'on arrive à $af(x)$. D'où les cas $= af(x) < 0$ qui signifie que le binôme a des racines et que x est compris entre ces racines

$$\text{ou } af(x) = 0$$
$$\text{ou } af(x) > 0\ldots$$

La manière de travailler des élèves faibles est caractéristique à ce sujet; ils forment très mécaniquement l'expression af (x) sans savoir exactement ce qu'ils font. D'où leurs difficultés.

La « traduction » n'est donc pas un processus propre à la période d'initiation aux mathématiques. On le retrouve à toutes les étapes de l'apprentissage et il nous paraît être une des conditions essentielles du raisonnement. Cette remarque n'a aucune ambition philosophique ou métaphysique. Nous avons dit, au début de ce chapitre, que notre étude n'était pas celle du raisonnement mathématique mais celle de l'activité psycho-pédagogique de l'adolescent en cours d'initiation aux mathématiques. Au niveau où nous nous plaçons, nos remarques n'apportent aucun argument aux théories diverses sur la nature des mathématiques. Mais il n'en reste pas moins que la traduction d'une réalité, d'un phénomène ou d'un processus dans un autre langage permet à la fois une simplification et une accentuation de l'aspect mathématique : simplification nécessaire dans la mesure où la réalité est complexe et encombrée de données parasites; l'acte commercial le plus élémentaire est très compliqué pour le jeune enfant; il s'agit d'un certain épicier, M. ou Mme X, qui a une valeur affective pour lui; dans cette boutique déterminée on achète certains produits et l'enfant y va avec une certaine somme d'argent; ne pas perdre le billet et faire attention à la monnaie qui est rendue est aussi important que l'objet même de l'action qui consiste à acheter un kilo de sucre. Toutes ces expériences concrètes, réelles, diverses, variées vont se traduire sous forme de problèmes : on achète chez un épicier... Ces différents problèmes vont donner lieu à une nouvelle traduction qui dépouillera l'acte commercial du charcutier, boulanger ou autre pour devenir une relation simple

Prix de vente = Prix d'achat + Bénéfice

ou Prix total = Prix de l'unité × Nombre d'unités.

Ces différents problèmes pourront à leur tour se schématiser encore davantage et déboucher sur le plan de l'algèbre :

$$x + a = b \quad \text{ou} \quad ax = b$$

C'est grâce à ces efforts de traductions successives que la « matière mathématique » va se constituer et que va se développer la notion de « groupe » qui a pris une si grande importance dans les mathématiques modernes. Il y a donc à la fois continuité et discontinuité entre ces différents niveaux; continuité dans la mesure où l'épanouissement d'un stade rend possible le suivant; discontinuité dans la mesure où, chaque fois, on s'élève d'un degré dans l'abstraction, on passe d'un réalisme enfantin à une formalisation nécessaire aux mathématiques. C'est ici que l'interprétation que J. Piaget donne dans son Introduction à l'Epistémologie génétique de l'abstraction est utile : « Il est clair, en effet, que si ce n'est pas exclusivement par abstraction à partir des données extérieures que s'accroît la connaissance, en particulier dans le domaine des opérations logiques et mathématiques, il faut alors prévoir l'existence d'une abstraction à partir des coordinations internes; cela ne signifie pas nécessairement que les opérations soient préformées sous une forme innée, mais cela peut être interprété dans le sens d'une abstraction progressive d'éléments empruntés en partie à un fonctionnement héréditaire et regroupés grâce à des compositions constructives nouvelles » (o. c. p. 25)

Et les deux aspects de l'abstraction que cet auteur distingue nous permettent de comprendre en quoi l'action réelle, le contact avec le concret, sont nécessaires mais insuffisants; ils nous montrent aussi la stérilité, pour ne pas dire le danger, d'une présentation purement formelle des mathématiques. La traduction, telle que nous avons voulu l'envisager correspond à cette abstraction progressive qui s'appuie à la fois sur le degré immédiatement inférieur — et qui correspond alors au concret —

et sur une activité enrichissante de l'esprit. La pédagogie des mathématiques ne doit pas supposer ce problème psychologique résolu puisqu'il est un de ses problèmes. Mais nous nous rendons compte ici des limites de l'action de la pédagogie car si l'éducateur peut agir sur le premier terme du diptyque, le second terme est lié aux possibilités et aux formes mentales du sujet. Si ce dernier n'a pas suffisamment de possibilités on ne peut que lui « apprendre » ce passage d'un plan à l'autre. Mais, peut-on parler alors de « formation mathématique ? »

VI. LA NOTION DE L'ORDRE
EN MATHEMATIQUES

La seconde condition nécessaire au développement de la notion de nombre est, d'après J. Piaget, celle d'ordre. La possibilité pour un enfant, de considérer une quantité comme étant en même temps supérieure à une première et inférieure à une deuxième correspond à une étape importante dans le développement logique. A. Lalande commence d'ailleurs par définir ainsi le mot « ordre » : « L'une des idées fondamentales de l'intelligence ». Tout au long de la scolarité, de l'apprentissage du calcul à l'initiation aux mathématiques, le problème de la mise en ordre, sous des formes diverses, se pose à l'élève.

Au moment de l'adolescence, en effet, c'est tout le problème de la nécessité mathématique. Etablir le passage nécessaire d'une propriété à une autre propriété mathématique c'est établir un ordre entre elles en fonction de certains critères logiques. Nous voyons donc l'importance d'une telle étude pour la pédagogie et pour l'étude du raisonnement mathématique des élèves. L'examen de quelques exemples est ici indispensable.

Exemple 1. Une de nos premières remarques sur ce sujet remonte au début de la classe de sixième; au cours de révisions, la formule permettant de calculer la longueur de la circonférence est donnée par les élèves sous les deux formes : $L = 2\pi R$ et $L = \pi D$. J'entreprends de montrer aux élèves comment il était possible de passer d'une formule à l'autre; je profite de cette occasion pour utiliser une des propriétés arithmétiques d'un produit : la commutativité.

On écrit en effet

$$L = 2\pi R = 2 \times \pi \times R$$
$$L = 2 \times \pi \times R = 2 \times R \times \pi = 2R\pi$$

mais nous savons que $2R = D$

$$L = 2R\pi = D\pi$$

en s'appuyant une seconde fois sur la commutativité du produit on a enfin

$$L = D\pi = \pi D$$

J'insistai alors sur la justification de chaque étape et sur l'ordre dans lequel elles apparaissaient. A mon grand étonnement je n'obtins pas les résultats escomptés.

Manifestement, au cours de la première interrogation orale de contrôle je m'aperçus que la notion même d'ordre était presque étrangère à toutes les élèves; j'avais l'impression de leur parler un langage qui leur était inconnu : elles comprenaient chacune des étapes en soi mais le passage de l'une à l'autre leur échappait. On ne peut s'empêcher, devant une telle attitude, d'invoquer la « pensée par îlots » décrite par Wallon dans « Les origines de la pensée chez l'enfant ». Les interrogations écrites qui suivirent montrèrent clairement les difficultés; il fallut en arriver à faire apprendre presque par cœur le passage d'une formule à l'autre; mais ce fut presque inutile. Voici, en effet, les résultats d'une interrogation écrite; le tableau résumé des réponses est intéressant à considérer (nous avons négligé les explications verbales pour ne donner que l'essentiel de la démonstration). (Voir page suivante).

On voit que seules les 4 premières réponses sont valables dans la mesure où elles ont fait apparaître le groupement 2R et son remplacement par D. Les 12 suivantes sont plus maladroites et n'ont pas vu exactement le rôle des transformations effectuées. Les dernières, enfin, nous font penser à des spectateurs qui assistent à une séance de prestidigitation : le professeur a jonglé avec les termes, il les a écrits d'une certaine façon : quelques formules plus ou moins obscures et le tour est joué : on aboutit à $L = \pi D$. Malgré l'apparence plaisante de l'explication il faut y voir bien plus qu'une boutade; très souvent — aussi bien d'ailleurs en mathématiques que dans les autres disciplines — nous parlons un langage presque totalement étranger à l'élève et nous faisons appel à des notions, des principes dont il ne voit pas l'importance. Le principe de l'ordre est de ceux-là. Combien de fois des élèves protestent au moment de la correction d'un problème : « je l'ai dit », mais ils restent insensibles à l'explication du professeur qui leur montre qu'effectivement tout a été dit mais dans un ordre illogique qui ne répond pas aux exigences mathématiques. C'est ce que nous verrons plus loin avec l'exemple du triangle isocèle.

---

1) $L = 2\pi R$ ou $2 \times \pi \times R$
$L = 2R\pi$ ou $2 \times R \times \pi$
$L = D\pi$ ou $D \times \pi$

---

2) $L = 2\pi R = \pi 2R$
$L = \pi 2R$
$L = \pi D = 2R\pi$

---

3) $L = 2\pi R = 2R\pi$
$D \quad (D = 2R)$
$\pi D = D\pi$

---

4) $L = 2\pi R = 2 \times \pi \times R$
$L = 2R\pi$
$L = D\pi$
$L = \pi D$

---

5) $L = 2\pi R = 2 \times R \times \pi$
   $2R = D$
   $L = \pi D$

6) $L = 2\pi D = 2 \times \pi \times R$
   $L = \pi \times 2 \times R = R \times \pi \times 2$
   $L = D\pi \quad D = 2R$
   $L = \pi D$

7) $L = 2R \times 3,14$
   $D = 2R$
   $C = D \times 3,14$

8) $L = 2\pi R = (\pi 2R) = (R\pi 2)$
   $D = 2R$
   $L = D\pi$
   $L = \pi D$

9) $L = 2\pi R \quad L = 2R\pi$
   $L = \pi D$
   $L = D\pi \quad (D = 2R)$

10) $L = 2\pi R = 2R\pi = 2\pi R$
    $L = D\pi \quad \pi = 3,14$
    $L = D\pi \ \pi = 3,14$

11) $L = 2\pi R = 2 \times \pi \times R = \pi \times 2 \times R$
    $L = D\pi$

12) $L = 2 \times \pi \times R = R \times \pi \times 2$
    $L = \pi D = D\pi$

13) $L = 2\pi R \quad L = \pi D$
    $L = 2\pi R \quad D = 2R$
    $L = D\pi$

14) $L = 2 \text{ pi } R = 2R \text{ pi}$
    $\text{pi} \times R \times 2 = \text{pi } D$

15) $L = 2\pi R = 2 \times \pi \times R = \pi R 2$
    $L = R\pi 2 \quad L = D\pi \quad D = 2R$
    $L = \pi D$

16) $L = 2\pi R = L = R 2\pi$
    $L = \pi D = D\pi$

17) $L = 2\pi R = D\pi$
    $L = 2 \times \pi \times R = R \times 2 \times \pi = D\pi$

18) $L = 2\pi R = 2 \times \pi \times R = \pi 2 R = R 2 \pi$
   $D = R 2 = R \times 2$

19) $L = 2\pi R = 2 \times \pi \times R = \pi \times D$
   $L = \pi D$

20) $L = 2\pi R = R \times R \times 3,14$
   $L \pi D = R \times R$

21) $L = 2\pi R = 2 \times \pi \times R = R \times R \times \pi$

22) $L = 2\pi R \quad C = 4 \times \pi \times R$
   $L = 2\pi R = 2 R \pi$
   $D = 2\pi R \quad L = D \times 2 R$

23) $L = 2\pi R \quad L = \pi D$
   $R = 2 D$

24) $L = 2\pi R = (R \times \pi \times 2)$
   $2\pi = D$

25) $L = 2\pi D = 2 \times \pi \times R = R \pi 2$
   $2\pi = D$
   $L = \pi D = D \pi$

26) $L = 2\pi R = 2 \times \pi \times R$
   $L = \pi \times R \times 2$
   $L = R \times 2$
   $L = D = R = \dfrac{D}{2}$

27) $L = 2\pi R = (2 \times \pi \times R) = (\pi \times 2 \times R)$
   $L = 2 R = D$

28) $L = \pi R = R \pi$
   $L = 2\pi R = R 2 \pi = 2 R \pi$
   $L = D \pi = \pi D$

29) $L = 2\pi R = 2 \times \pi \times R = 2 R \pi$
   $L = 2 \times \pi R$

Exemple 2. La démonstration des propriétés angulaires du triangle isocèle. Nous observâmes ici très clairement la disjonction des étapes du raisonnement prises en elles-mêmes de l'ordre adopté pour la démonstration.

Devant cette difficulté la solution pédagogique suivante fut adoptée. Sur une feuille ronéotypée je rédigeai les différentes étapes de la démonstration et celles-ci furent découpées; un véritable jeu fut fait au cours duquel l'attention put se porter uniquement sur l'ordre des propositions :

1) Je prends un calque du triangle ABC

2) Je le retourne. L'angle A coïncide avec l'angle A'.

3) Si je mets le côté A'C' dans la direction AB, le côté A'B' prend la direction du côté AC

4) Mais comme AB = AC, le point C' coïncide avec le point B

5) Il en est de même des points B' et C

6) Entre B-C' et B'-C ne passe qu'une seule ligne droite. BC se confond avec C'B'

7) Donc les 2 triangles isocèles égaux ABC et A'B'C' coïncident

8) Donc B = C' et C = B'. C'est-à-dire B = C

Au bout de 2 ou 3 mélanges des « cartes » la démonstration était reproduite correctement par toutes les élèves; mais l'exercice écrit, (les cartes précédentes étant cachées) ne donnait que 22 réponses très bonnes sur 29 élèves. Trois séances de géométrie avaient été consacrées à cette acquisition ! Mais il est intéressant de noter la différence des résultats qui traduit bien la différence des raisonnements de l'adulte et de l'adolescent; en général l'adulte part d'une proposition A et en tire, dans un ordre déductif logique, la proposition B. Pour l'apprenti mathématicien il semble que le processus soit inverse : il faut que soient mises en présence les deux propositions A et B pour que l'ordre A-B soit trouvé. Si, dans l'exemple 2, le nom des différentes figures avait été inscrit sur un carton, les résultats n'auraient-ils pas été meilleurs ? L'expérience n'a pas été faite mais on peut le penser.

On comprend pourquoi beaucoup de psychologues ont choisi, comme épreuves de tests, des rangements d'images; ils nous apprennent les difficultés éprouvées par les enfants quand il s'agit d'éléments de situations concrètes. Vermeylen, par exemple, estime que le nombre d'épreuves réussies varie suivant l'âge de la façon suivante :

Réussites	Ages
1	6
3	7
7	8
8	9
9	10
9	11

Il y a 10 histoires et le nombre d'images varie de 4 à 7. Il n'est donc pas étonnant qu'au début de l'initiation aux mathématiques la mise en ordre d'un matériel abstrait retrouve, selon « un décalage » dont on a souvent parlé, les difficultés amplifiées de la situation plus concrète. On peut même se demander dans quelle mesure des jeux présentés d'abord sous une forme concrète puis assurant un passage progressif vers les propositions mathématiques ne seraient pas utiles pour introduire cette notion d'ordre.

Commentaires généraux.

I. Nous avons souvent rapproché, au cours des pages précédentes, la notion d'ordre de celle de nécessité. Il n'entre pas dans notre propos de faire ici une analyse philosophique de ces deux concepts et de leurs inter-relations. Signalons l'aspect intéressant le pédagogue. L'ordre est une condition nécessaire mais non suffisante car les critères de la mise en ordre ne sont pas forcément ceux du géomètre. La juxtaposition est déjà, à un certain âge, le signe d'un ordre opposé ici au désordre; c'est souvent le seul lien qui existe entre beaucoup de phénomènes : d'où les erreurs de jugement qu'il serait facile de relever même dans l'opinion courante des adultes. Puis le critère de la juxtaposition est remplacé par d'autres dans lesquels les facteurs affectifs ont une très grande importance; par un dépouillement progressif on arrive au critère purement logique. Mais l'ordre ne devient nécessité que lorsqu'il est pensé comme tel et non considéré comme purement formel; nous relevons ici, sous une autre forme, le problème d'une prise de conscience de processus psychologiques qui nous semble être la voie réelle de l'accession à la logique. On peut donc considérer plusieurs étapes dans l'évolution de l'enfant qui se résument ainsi :

1) Absence de notion d'ordre. Pensée juxtaposée.

2) La notion d'un ordre est imposée de l'extérieur l'enfant arrive à « comprendre » le pourquoi de cette exigence; il est capable d'apprendre en tenant compte de cette nouvelle coordonnée.

3) L'ordre est pensé en tant que tel. On accède au plan de la nécessité géométrique.

Il est difficile de donner avec précision des limites d'âges; en ce qui concerne les jeunes filles de la classe expérimentale on peut dire, en gros, que ces étapes successives correspondent à peu près aux classes de 6e, de 5e et de 4e. Il faut ajouter d'ailleurs que, selon les individus d'une part, et selon les questions de mathématiques d'autre part, il y a, au début de la quatrième, des interférences nombreuses entre le 2e et le 3e stade.

Mais nous ne pensons pas que le concept d'ordre épuise complètement celui de nécessité mathématique tout en étant, pour ce dernier, une des conditions nécessaires. Le sens que nous donnons au mot nécessité est celui indiqué par A. Lalande (paragraphe F) : « Est dite nécessaire (par

rapport à un système de présuppositions) toute conséquence que ces présuppositions impliquent ». Pour que
l'on puisse confondre ordre et nécessité il faudrait que
d'une proposition A on ne puisse tirer qu'une seule
conséquence A' et que le chemin pour aller de A à une
autre proposition A' soit unique. On sait que, dans de
nombreux cas, il n'y a pas qu'une seule solution à un problème et qu'il est possible de considérer de plusieurs façons
une même démonstration.

Trop souvent le professeur veut obtenir, à juste titre,
la rigueur mathématique d'une démonstration sans se
demander si les conditions de cette rigueur sont psychologiquement réalisées.

II. Le processus psychologique de mise en ordre
tel que nous l'avons considéré est, à notre avis, une des
formes du « détour ». Quelquefois, en effet, l'élève a
l'intuition de la solution du problème à chercher mais
il n'arrive pas à faire éclater l'unité présente de sa
pensée pour articuler logiquement, les uns aux autres, les
différents éléments de la démonstration ou pour ajouter
les maillons indispensables. Nous avons déjà signalé en
quoi une explicitation de plus en plus grande de la pensée
correspondait à un progrès de celle-ci. Sur le plan
psycho-pédagogique la question se pose autrement et a
une très grande importance car elle est une des sources
de difficultés et d'échecs pour les élèves. Notre but, en
effet, est d'aboutir à la démonstration parfaite et de
faire naître chez nos élèves le besoin d'une telle perfection.
Mais trop souvent nous avons l'impression que les étapes
sont brûlées ou que les stades examinés plus bas sont
mélangés. Beaucoup de professeurs inhibent les adolescents en exigeant d'eux, immédiatement, un raisonnement
correct exprimé dans la pure langue du mathématicien
parfait. C'est certainement une des raisons pour lesquelles
les classes de mathématiques sont si souvent silencieuses.

Quelle est la conduite pédagogique convenable ? Il faut

considérer trois temps successifs qui, apparaissant comme confondus chez le mathématicien, doivent être séparés au cours de l'initiation :

a) Essayer de faire prendre — ou donner — une vue globale, intuitive du problème à l'élève; lui donner l'impression qu'il a compris afin de l'exciter à chercher les meilleurs moyens d'exprimer sa pensée.

b) Laisser l'élève s'expliquer librement et traduire naïvement son intuition. C'est à ce moment qu'une participation générale de la classe est nécessaire pour relever les obscurités, les erreurs, les insuffisances. Par un véritable processus d'approximations successives, extrêmement fécond pour l'élève, on arrive à une solution correcte du problème.

c) C'est à ce moment que le professeur peut proposer la solution *parfaite* du problème et doit la faire répéter pour la faire apprendre par les élèves; pour eux cet exercice « oratoire » n'a rien d'artificiel puisqu'il est le point d'aboutissement de tout un procsesus psycho-pédagogique auquel ils ont participé; la difficulté mathématique essentielle est résolue et ils peuvent faire porter leur attention sur l'aspect formel qui se décompose en deux : phrases correctes et vocabulaire adéquat d'une part, enchaînement des propositions d'autre part.

C'est au troisième temps que s'adressent trop souvent — et presque exclusivement — certains professeurs de mathématiques. Ils exigent que dès le début l'élève présente un raisonnement mis en forme et n'acceptent pas l'intuition de la solution avec son caractère vague, global du début comme une étape nécessaire à l'élaboration de la solution.

Un argument est souvent opposé à la marche générale que nous avons indiquée plus haut et il est curieux de voir comment il est présenté. On dit volontiers : « il ne faut pas que l'élève prenne de mauvaises habitudes et, dès le début, on doit exiger de lui une perfection digne des plus grands mathématiciens ». Cette intention louable a le malheur de s'opposer à tout ce que peut nous apprendre la psychologie et les lois de l'apprentissage. Exige-t-on d'un enfant qui gazouille de se taire s'il ne prononce pas correctement les mots de la langue française ? Exige-t-on d'un enfant qui va pour la première fois dans une piscine de faire dans l'eau les mouvements du parfait nageur ? Non. Nous confondons trop souvent le but à atteindre et les moyens les meilleurs pour atteindre ce but. On affirme que pour obtenir la pureté géométrique il faut utiliser comme moyen pédagogique unique, cette pureté géométrique. Le professeur oublie les lois fondamentales de la psychologie enfantine et néglige le problème pédagogique essentiel : apprendre à l'élève à franchir le pas qui lui permettra d'arriver au plan mathématique sur lequel se situe l'éducateur. La difficulté d'ailleurs est grande pour le mathématicien car il s'agit d'une préoccupation qui n'est pas dans la ligne générale de ses intérêts; il faut qu'il se tourne vers des problèmes qui ne lui sont pas familiers et vers des formes de mentalité éloignées de la sienne, tout en gardant précis à l'esprit le but à atteindre. C'est dire qu'au cours de l'initiation le professeur de mathématiques doit jouer sur une corde raide en évitant de tomber dans un des deux précipices dangereux : la rigueur logique immédiate d'une part, les habitudes de vague et de confusion qu'il faut faire disparaître à longue échéance d'autre part. Mais il reste entendu qu'il faut arriver au troisième stade décrit précédemment et le temps perdu ne l'est qu'apparemment car beaucoup de difficultés qui sont signalées par les professeurs ne se présentent pas en utilisant la méthode indiquée plus haut.

III. La nécessité et la mise en ordre que nous invoquions plus haut à propos des exemples limités à une démonstration ou à un problème soulèvent d'importantes questions pédagogiques relatives à l'ordre même de l'enseignement de la géométrie. Notre but, en effet, est d'amener les élèves à sentir la nécessité d'une démonstration pour établir une propriété déterminée. Une observation très simple montre — et ceci s'explique du point de vue épistémologique — que les premières démonstrations sont celles qui sont les plus évidentes pour le commun des mortels. Il y a donc un conflit psychique très aigu qui est souvent le point de départ de ce complexe antimathématique dont nous avons déjà parlé. On commence par donner aux jeunes élèves des exemples de démonstration de théorème où l'évidence perceptive l'emporte sur les considérations logiques : « par un point pris hors d'une droite on peut mener une perpendiculaire, on n'en peut mener qu'une »; l'élève ne « comprend » pas au sens où il ne voit pas pourquoi de tels détours, de telles complications et il a nettement l'impression, pour reprendre la réflexion de plusieurs adolescents, qu'on « coupe inutilement les cheveux en quatre » [1]. Les premières démonstrations devraient porter sur des propriétés qui ne sont pas évidentes du tout et qui nécessitent cet exercice particulier qu'on appelle la démonstration. La difficulté consiste alors en ce fait que ces démonstrations se situent assez loin dans l'ordre déductif et supposent connues d'autres propriétés antérieures sur le plan logique. Prenons un exemple pour discuter de près cette question. Une des premières propriétés qui exigent une démonstration en forme peut être la somme des angles d'un triangle; rien, en effet, ne permet d'imaginer que

$$\hat{A} + \hat{B} + \hat{C} = 2 \text{ droits,}$$

soit perceptivement, soit par réflexion; mais cette démonstration s'appuie sur la propriété de deux parallèles coupées

[1] On retrouve ici « cette assertion paradoxale et humoristique… » « La mathématique est une science où l'on ne sait jamais de quoi l'on parle, ni si ce que l'on dit est vrai ». L. COUTOURA, *Les principes des mathématiques*, Revue de métaphysique et de morale, Janvier 1904, p. 21.

par une sécante; pour obtenir cette propriété il faut faire appel à... et l'on remonte ainsi aux principes fondamentaux de la géométrie. On se trouve donc en présence des deux difficultés insolubles :

a) ou bien on présente un ordre logique et les possibilités psychologiques ne permettent pas à l'enfant de comprendre et c'est la source de toute une série de difficultés affectives.

b) ou bien on escamote la rigueur logique et on se contente d'un à-peu-près défavorable à une formation mathématique réelle.

C'est cette contradiction que nous avons essayé de résoudre. Pour bien comprendre notre solution pédagogique il faut revenir sur la notion même de démonstration. Donner à l'enfant le sens de l'exigence mathématique c'est l'amener à comprendre d'abord qu'il se trouve dans une situation identique à celle d'un serrurier qui devrait ouvrir successivement les pièces d'une maison avec une clé à découvrir. En d'autres termes nous retrouverons l'autre face du problème de l'application que nous avons traité plus haut; quelle est la clé, qui, utilisée correctement, me permettra d'ouvrir la porte ? Quelle est la propriété connue qui me permettra d'affirmer ce que je veux démontrer ? L'idée importante nous paraît donc être celle d'un instrument qu'il faut apprendre à utiliser au bon moment. Mais, et c'est ici que notre position se précise, l'essentiel, est, pour maintenant, de savoir « manier » cet instrument intellectuel sans savoir nécessairement comment il a été construit ou obtenu.

Il y a effectivement une différence très grande entre savoir comment un outil fonctionne et savoir utiliser l'outil. Nous sommes tous capables de conduire une voiture, avec même un certain brio, sans être capables d'expliquer clairement le fonctionnement du débrayage ou le rôle de l'avance à l'allumage. Chacun d'entre nous devient capable de très bonne heure d'apprendre à régler parfaitement un poste de télévision sans savoir — si ce n'est très schématiquement — comment il fonctionne. Le mathématicien lui-même utilise une table de logarithmes sans toujours savoir que l'étude et le développement de fonctions hyperboliques sont nécessaires à leur construction; que dire du statisticien qui utilise tous les jours, et très correctement, une machine à calculer sans, pour cela, avoir lu les thèses de M. Couffignal ?

Nous pensons donc que la première étape consiste à mettre l'élève en possession de quelques propriétés géométriques qui lui serviront d'instruments pour les premières démonstrations : égalité des angles opposés par le sommet, cas d'égalité des triangles, propriété des parallèles. Le problème se ramène à savoir comment on peut faire acquérir ces outils intellectuels. C'est ici que s'introduit l'étude expérimentale de certaines figures où les propriétés apparaissent avec une netteté suffisante et sur lesquelles les mesures les plus simples permettent de mettre en évidence les relations caractéristiques. Nous reviendrons plus loin sur la question de la géométrie expérimentale mais nous pouvons dire tout de suite qu'elle joue, conçue dans une telle perspective, un rôle très important puisqu'elle permet les premières démonstrations.

L'exigence de démonstration ainsi développée, les élèves eux-mêmes vont alors se retourner vers leurs propres outils et se demander si les propriétés ainsi utilisées ne peuvent pas, à leur tour, être démontrées. C'est, à notre avis, le rôle de la classe de quatrième. Sans aller jusqu'au point où le professeur poussera ses élèves en seconde on peut dire que la reprise du programme de géométrie en quatrième peut se faire sous l'angle d'une restructuration du cours qui cherche à n'utiliser alors que des propriétés démontrées. L'ordre qui était introduit jusque là à l'intérieur d'une démonstration va s'étendre aux différents chapitres de la mathématique et présenter celle-ci dans une perspective logique à la fois plus étendue et plus solide. C'est, sous un certain angle, un processus d'approximations successives qui est suivi ici avec une élimination progressive des données empiriques tout en cherchant à respecter une forme logique assez rigoureuse. Nos premières démonstrations ont été, dès le début, de véritables démonstrations c'est-à-dire une articulation progressive et justifiée de propositions en vue d'un but à atteindre : la conclusion. Nous avons pu ainsi, unir une rigueur mathématique nécessaire à un respect des lois psychologiques de la pré-adolescence. Toutes nos démonstrations initiales étaient motivées et nous avons eu la nette impression d'intéresser fortement les élèves qui découvraient une forme d'acrobatie nouvelle pour eux. Tout au long de la classe de 5e fut développé ce sens de la démonstration sur des exemples de plus en plus rapprochés des évidences perceptives et c'est en classe de quatrième que l'ordre logique représenté par le manuel fut pratiquement adopté.

L'expérience faite ainsi semble prouver qu'un processus très logique comme celui que nous venons d'étudier commence par une phrase très syncrétique au cours de laquelle l'enfant prend contact et se familiarise de plus en plus avec lui avant de découvrir les aspects abstraits et formels par lesquels, trop souvent, commencent les professeurs. Ici encore, c'est l'oubli d'une phrase préalable et un processus pédagogique antipsychologique que nous dénonçons.

IV. Le pédagogue et le psychologue peuvent se poser ici une question : cette exigence de l'ordre, cette notion de nécessité mathématique est-elle une question de maturation ou une question d'apprentissage ? La réponse intéresse fortement l'éducateur. Nos expériences ne permettent pas de répondre définitivement à cette question mais elles orientent vers certaines solutions pédagogiques.

Si nous mettons à part les élèves particulièrement doués et pour lesquels la maturation précède plus ou moins l'apprentissage nous pensons qu'il faut donner et faire apprendre à l'enfant quelques exemples bien choisis de raisonnement où les articulations nécessaires de 2 ou 3 propositions constituent la trame essentielle du processus. Il est inutile de parler d'ordre ou de nécessité si ces notions n'appartiennent pas, tant soit peu, à l'expérience des élèves. On dit, en français, qu'il est utile que les enfants apprennent de très beaux textes, même s'ils ne les comprennent pas parfaitement afin que plus tard ils aient des documents sur lesquels ils pourront réfléchir. N'en est-il pas de même en mathématique ? Nous voulons parler d'ordre d'un raisonnement mais notre action sera plus efficace si nous utilisons des connaissances possédées déjà par l'enfant. Quand il s'agissait d'apprendre à « appliquer » nous estimions qu'un très grand nombre d'exercices était nécessaire. Ici, au contraire, nous croyons qu'il vaut mieux s'attarder sur 3 ou 4 raisonnements parfaitement sus à propos desquels une activité inconsciente se fait à l'insu de l'individu. On donne l'agréable sentiment à l'enfant de savoir parfaitement quelque chose et, là encore, nous préparons un terrain fécond pour l'avenir.

VII.   « REFLEXES INTELLECTUELS »

En extrayant une citation de son contexte, il est possible de lui faire dire presque ce que l'on veut. C'est ainsi que la célèbre distinction de Montaigne entre une « tête bien faite » et une « tête bien pleine » a servi pour opposer l'intelligence aux connaissances. S'il est vrai qu'aucun des termes du diptyque se ramène à l'autre il est faux de les opposer complètement. Le fonctionnement de l'intelligence suppose un minimum de connaissances et l'acquisition de connaissances peut se faire très intelligemment. Dans le domaine mathématique on a plus particulièrement cherché à développer la « compréhension », « l'intuition » sans s'apercevoir que négliger les connaissances précises et les habitudes, équivalait à construire sur du sable. On se trouve, en effet, devant des élèves qui, pourtant intelligents, regardent une figure géométrique ou une expression algébrique sans savoir ce qu'ils peuvent en faire. Nous avons cherché à pallier cette difficulté et les résultats semblent confirmer notre hypothèse initiale.

Sans ramener le raisonnement mathématique à des schèmes juxtaposés nous avons pensé que l'inhibition observée chez les adolescents devant un problème n'était pas une véritable inhibition; il s'agit plutôt d'une incapacité à « faire quelque chose » c'est-à-dire de trouver une proposition B pour succéder à une proposition A — si celle-ci est déjà trouvée. En d'autres termes nous pensons que le silence de l'élève correspond à une attitude passive que la pédagogie doit chercher à corriger. Comment obtenir un tel résultat ? Il nous semble qu'il est au confluent de deux courants assez différents : l'un d'ordre affectif, l'autre d'ordre du réflexe intellectuel.

Le compte rendu de nos expériences sur le calcul mental a montré jusqu'à quel point pouvait se développer l'imagination numérique des élèves. Le résultat le plus important — sans toutefois être négligeable — n'était pas l'exactitude des opérations mais l'attitude psychologiquement détendue des élèves devant le calcul mental; en d'autres termes ils n'ont plus « peur » de la question et ils réagissent soit par tâtonnements, soit logiquement. Mais cette habitude va s'étendre à toutes les questions mathématiques et le problème proposé donnera lieu à une activité. Si, au contraire, l'élève a eu très souvent à vivre des situations d'échec toute question mathématique provoquera chez lui une attitude de retrait et ce qu'il appellera son « incompréhension » ne sera que le vide creusé entre le problème et sa personnalité. D'où l'importance des premiers succès en mathématiques; dans notre classe expérimentale nous n'avons *jamais* donné, au cours des 3 premières années, un problème à faire en dehors de notre présence afin de ne pas mettre les élèves en présence d'un échec; et les solutions à trouver ne com-

portaient jamais une difficulté insurmontable ou un
« truc » mathématique. Il y aurait à faire ici la psychologie du professeur qui s'assure facilement, dans ce domaine, une très facile supériorité.

L'atmosphère ainsi créée est donc un facteur favorable
au déroulement du raisonnement mathématique mais elle
n'est pas suffisante. Il faut développer chez les élèves
une série de « réflexes intellectuels » qui vont, par des
phénomènes d'irradiation inconsciente créer de nombreuses chaînes d'associations logiques qui seront un
soutien particulièrement efficace pour le raisonnement.
Autrement dit une expression, une propriété doit faire
lever tout un cortège d'idées « adventices » de telle sorte
que l'élève « projette » sur la donnée perceptive (géométrique ou algébrique) toute une série de « possibles ». Il
y a ici une activité inconsciente dont le point de départ
est l'acquisition parfaite de connaissances. Cette irradiation
se présente essentiellement sous deux aspects : une forme
stellaire ou une forme linéaire. Des exemples sont ici
nécessaires pour préciser notre pensée.

Nous appellerons association stellaire la série des associations qu'il faut créer, développer et entretenir à partir
d'une propriété par exemple. L'expression triangle isocèle
doit provoquer chez l'élève la réaction verbale suivante :
— a deux côtés égaux par définition
— deux angles à la base égaux
— hauteur, médiane, bissectrice confondues ... ;
nous insistons ici sur l'aspect « réflexe conditionné » de
ce processus. De même l'expression « angles égaux » doit
faire surgir
— angles opposés par le sommet
— angles d'un triangle isocèle
— triangles égaux ...
Des manuels ont d'ailleurs exploité des idées analogues
en composant des chapitres : « Comment démontrer
que... »

« L'association linéaire » correspond à ce que nous avons étudié sous le titre : « la notion d'ordre ». Elle consiste essentiellement en la connaissance parfaite de certaines « séquences » mathématiques qui, parties d'une proposition A aboutissent à une proposition B. Tracer la hauteur d'un triangle c'est immédiatement faire naître :
— l'angle droit
— un triangle rectangle
— deux angles aigus complémentaires
— les angles aigus égaux qui ont le même complément ...

Nous avons, à partir de la classe de 5ᵉ, développé systématiquement ces associations et elles ont été contrôlées très régulièrement par des questions telles que :

« Que pouvez-vous dire devant $PA = PC$? »

Et les élèves de répondre :
— PA égal PC au stade élémentaire
— PAC est un triangle isocèle
— P est sur la médiatrice de AC
— $PAC = PCA$
— P est le centre d'un cercle passant par A et C ...

En général nous acceptons toutes les réponses exactes — même naïves — afin de créer l'habitude d'une réaction. Car nous nous trouvons ici devant le problème de l'« intuition » mathématique au niveau de l'apprentissage. L'intuition de la solution d'un problème n'est pas — sauf cas exceptionnels où le problème suppose une très forte « astuce » — une opération mystérieuse et miraculeuse; elle est le produit d'une activité disons « agressive » du sujet par rapport à la question posée. Tel l'enfant qui tâtonne pour ouvrir une boîte, l'élève mathématicien doit essayer toutes les clés qui sont en sa possession et il est aidé par les associations créées systématiquement sous l'influence du professeur. Nous verrons plus loin en quoi le facteur « rapidité » complète ce que nous disons en ce moment mais on peut dès maintenant affirmer qu'un des aspects de la supériorité d'un professeur tient au fait qu'il projette immédiatement sur l'énoncé proposé un très grand nombre de voies à explorer.

D'où l'intérêt pédagogique de l'exploration libre d'une figure sous la direction du professeur sans même qu'une question soit posée. Donnons un exemple. Nous proposons aux élèves la figure suivante : un triangle dont un des angles (B) vaut 45°, la hauteur AH et les milieux des côtés. Etudier cette figure. On arrive aisément à mettre en évidence les propriétés suivantes : (Voir figure ci-dessous)

1) AHB est un triangle rectangle isocèle

2) $HP = \dfrac{AB}{2}$

3) La figure HPNM est un trapèze isocèle

4) Le triangle APH est isocèle ·

5) Les angles $P\hat{M}H$ et $P\hat{N}H$ sont supplémentaires

6) Il y a un cercle passant par les points PN HM

Il est profitable de poser alors aux élèves un problème

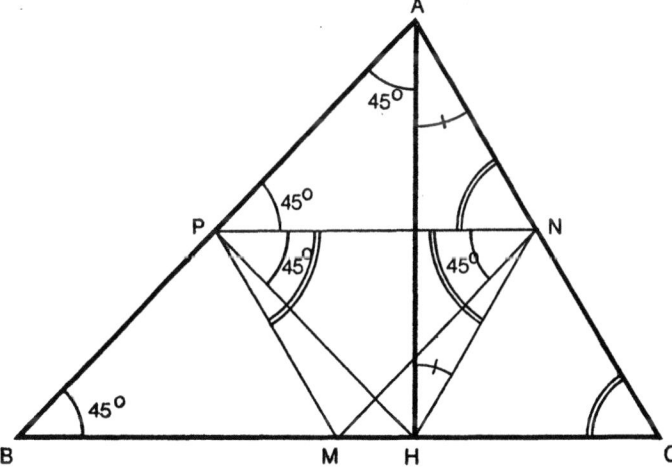

sur ces propriétés; ils ont eu une vue globale des propriétés de la figure et ils découvrent facilement la démonstration adéquate.

Mais ces systématisations ne vont pas sans inconvénients et la création de schémas conditionnés ne se fait pas sans une « généralisation » au sens pavlovien du terme qui nuit au raisonnement si elle n'est pas complétée par un assouplissement, une différenciation qui établit une relation adéquate entre la question et la réponse.

Malheureusement les élèves faibles se conditionnent facilement à l'aspect purement verbal du processus mathématique et mettent dans leurs devoirs les « perles » qui font la joie des professeurs sadiques. La propriété des angles opposés par le sommet d'être égaux fait dire à un élève que « deux côtés d'un triangle sont égaux parce qu'ils sont opposés par le sommet »; de même la liaison bissectrice-angles égaux est « généralisée » à toute droite intérieure à un triangle.

Une étude plus approfondie devrait établir un parallèle entre les concepts pavloviens et l'évolution des connaissances mathématiques; en faisant appel à l'irradiation, à la généralisation et à la différenciation par inhibition; on pourrait expliquer certaines conduites des débutants et, en particulier, certaines erreurs qui nous paraissent être des erreurs de raisonnement logique et qui ne sont que des extensions abusives. Ceci apparaît très clairement dans l'exemple arithmétique suivant : après l'étude des fractions, le schème de simplification était acquis. Mais l'étude de l'aire du trapèze nous amène à utiliser des

expressions de la forme $\dfrac{a + b}{c}$

le schème de simplification entra en action mais... incorrectement; en effet on faisait

$$\frac{37 + 30}{20} = \frac{37 + 3}{2}$$

C'est alors que s'introduisirent des exercices dits « à pièges » où il fallait dans certains cas simplifier et, dans d'autres, s'en abstenir très prudemment.

Nous savons par avance toutes les critiques que l'on peut adresser à cet aspect de « dressage » que nous acceptons dans la pédagogie des mathématiques. C'est un lieu commun — trop facile à notre sens — que d'affirmer que le domaine de la mathématique est celui du raisonnement, de l'appel à l'intelligence, de l'activité pure de l'esprit. Il est vrai que les mathématiques s'opposent à l'histoire ou la botanique; mais l'histoire et la botanique n'exigent-elles pas une activité intelligente ? Les mathématiques ne doivent pas négliger l'acquisition des connaissances à condition que celles-ci soient au service du développement intellectuel.

Nous pouvons soulever ici ce que nous avons appelé ailleurs : « les relations du savoir et du comprendre » [1]. Pour beaucoup de professeurs il suffit d'avoir « compris ». Mais l'expérience prouve que l'on peut très bien comprendre et... pourtant oublier et ne pas être capable de refaire ensuite le raisonnement correct. Il faut effectivement démolir l'affirmation selon laquelle on retient obligatoirement ce qu'on a parfaitement compris. C'est à la fois vrai et faux; en fait on ne peut bien retenir que ce qu'on a bien compris car la rétention est facilitée par l'éclairage intellectuel; mais la réciproque est fausse : on peut avoir parfaitement compris et avoir parfaitement oublié. Nous retrouvons ici un autre aspect de la distinction : compréhension passive, compréhension active.

L'importance de cette remarque tient aux conséquences affectives de cet état de fait. Les élèves, en effet, sont incapables de discerner quelles sont les raisons de leurs échecs. En écoutant leur professeur ils ont donc l'impression d'avoir compris mais ils se trouvent incapables de retrouver la solution correcte quand ils sont livrés à eux-

[1] Voir *Pédagogie du calcul*, L'école nouvelle française, N° 38.

mêmes et sont alors désespérés; ils se croient incapables de suivre en mathématiques et ils traduisent ceci en disant : « je ne comprends rien ». Dans les premières classes (6e, 5e, 4e) le professeur devra penser constamment à la mémorisation qui doit compléter nécessairement la compréhension d'un raisonnement. Dans combien de classes les élèves sont-ils capables de refaire correctement les problèmes déjà expliqués en classe ? Nous avons montré les résultats obtenus par des élèves auxquelles on avait proposé plusieurs années de suite le même problème; on est en droit de se demander s'il n'y a pas un certain gaspillage d'énergie à oublier le travail nécessaire de fixation; tout le temps n'est pas perdu mais le rendement n'atteint pas le niveau souhaitable.

Nous voudrions enfin terminer ces quelques remarques en montrant la difficulté d'un enseignement qui est souvent donné comme l'exemple d'une pédagogie rigoureuse et logique. C'est oublier que la psychologie a ses lois et que la vie ne répond pas toujours immédiatement aux exigences de notre pensée. Créer chez l'élève des « réflexes intellectuels » peut être à la fois la meilleure et la pire des choses. La meilleure dans la mesure où l'intelligence ne peut fonctionner à vide; il faut donner des éléments à l'activité de l'esprit; la pire, si cet apprentissage oublie les déviations possibles ou s'il se transforme en un dressage aboutissant aux « séries » de problèmes dans lesquelles l'activité intelligente est remplacée par celle qui consiste à faire un rapprochement entre deux énoncés. Est-ce que toute cette complexité psycho-pédagogique est ressentie par tous les professeurs de mathématiques ? Nous nous permettons d'en douter.

VIII. UNE CONDITION SOUVENT OUBLIEE : LA RAPIDITE

A notre connaissance le problème de la « vitesse » des processus psychiques au cours d'un raisonnement mathématique n'a jamais été étudié malgré les indications déjà données par Descartes dans les *Regulae*.

Examinons d'abord les faits. Il est courant d'observer un élève faisant un problème et oubliant, pour résoudre la 3e ou 4e question, les résultats obtenus à la première. Dans un problème beaucoup d'échecs sont dus à ce manque de vue globale, à cette non-appréhension de son unité. Il nous est d'ailleurs arrivé, en tant que professeur, d'aller très lentement pour exposer une démonstration compliquée, de nous arrêter à chaque étape pour expliquer complètement le raisonnement partiel et de constater ensuite que les explications du début étaient perdues de vue lorsque nous arrivions à la fin de la démonstration. Ces remarques faites dans beaucoup de classes du second degré, prennent un relief encore plus grand lorsqu'on se trouve dans des centres d'apprentissage où une certaine lenteur des élèves retardés scolaires grossit le phénomène.

Nous nous aperçûmes rapidement qu'il manquait aux jeunes élèves cette possibilité d'intégration dans le temps, condition fondamentale de l'appréhension d'ensemble d'un raisonnement. Sur un autre plan nous retrouvons les résultats de P. Fraisse sur l'« horizon temporel » de l'enfant qui se développe lentement; nous pourrions ajouter que cet « horizon temporel » diminue si la difficulté des processus intellectuels augmente; la fixation de l'attention sur une des étapes difficiles du raisonnement favorise l'oubli des étapes antérieures. Si nous ajoutons à cela, comme nous l'avons montré précédemment, que le « compris » n'est pas complètement assimilable au « su » nous voyons pourquoi l'élève est incapable de « comprendre » réellement une démonstration si certaines précautions pédagogiques ne sont pas prises.

Il nous semble que le principe d'action de l'éducateur se trouve dans Descartes et les citations suivantes vont nous le prouver. Dans la règle III ([1]) l'auteur met l'accent

---

([1]) *Règles pour la direction de l'esprit*, page 16. Librairie philosophique, J. Vrin.

sur la continuité nécessaire à la déduction il parlera « d'un mouvement continu et sans aucune interruption de la pensée qui voit nettement par intuition chaque chose en particulier ». Et quelques lignes plus loin il précisera : « ... Nous distinguons l'intuition intellectuelle de la déduction certaine par le fait que, dans celle-ci on conçoit une sorte de mouvement ou de succession, tandis que dans celle-là il n'en est pas de même; en outre, la déduction ne requiert pas comme l'intuition une évidence actuelle, mais elle emprunte plutôt en quelque manière sa certitude à la mémoire ». Les aspects pédagogiques qui nous intéressent seront repris dans la Règle VIII ([1]) : « ... Il faut remédier à la faiblesse de la mémoire par une sorte de mouvement continu de la pensée. Si donc, par exemple, diverses opérations m'ont fait connaître d'abord quel rapport il y a entre les grandeurs A et B, ensuite entre B et C, puis entre C et D, et enfin entre D et E je ne vois pas pour cela quel est celui qui existe entre A et E et ne puis m'en faire une idée précise d'après les rapports déjà connus, à moins de me les rappeler tous. C'est pourquoi, je les parcourrai un certain nombre de fois, par une sorte de mouvement continu de l'imagination qui voit d'un seul coup chaque objet en particulier en même temps qu'elle passe aux autres, jusqu'à ce que j'aie appris à passer du premier rapport au dernier assez rapidement pour que, sans laisser presque aucun rôle à la mémoire, il me semble voir le tout à la fois par intuition. De cette façon, en effet, en aidant la mémoire, on corrige aussi la lenteur de l'esprit et on étend en quelque manière sa capacité ».

Tout commentaire pédagogique est presque superflu. Descartes indique clairement les étapes de la progression d'une leçon bien conduite :

a) étude et compréhension des différents moments de la démonstration : passage de A à B, puis de B à C...

([1]) Idem, page 39.

b) reprise de l'ensemble du raisonnement en mettant l'accent sur la continuité, A-B, B-C, C-D... pour aboutir à A-B-C-D-E

c) troisième étape nécessaire : recommencer ce passage continu de A à E... afin d'accélérer le processus psychologique et d'apercevoir l'ensemble par « intuition ».

Il est inutile de nous étendre ici sur les liaisons à établir entre ces règles pédagogiques et ce que nous avons dit précédemment sur l'ordre en mathématiques.

Descartes apporte un complément utile au pédagogue : « Et nous ajoutons que ce mouvement ne doit nulle part être interrompu car fréquemment ceux qui essaient de faire quelque déduction trop rapide, en partant de principes éloignés, ne parcourent pas tout l'enchaînement des conclusions intermédiaires avec un soin suffisant pour ne pas en omettre beaucoup inconsidérément. Toutefois il est sûr que même la moindre des omissions fait aussitôt rompre la chaîne et ruine entièrement la certitude de la conclusion ».

Le problème pédagogique consiste donc à créer cette unité de pensée à l'intérieur de laquelle s'inscrit l'ensemble du processus logique. On voit donc clairement les trois aspects assez différents d'une démonstration présentée à des élèves :

a) Etude des constituants : petits raisonnements partiels.

b) Etude de la « forme » : enchaînement des raisonnements précédents.

c) Cette étude peut, dans certains cas, négliger un peu la forme verbale pour mettre l'accent sur les liaisons. Il devient maintenant nécessaire d'obtenir le style adéquat et d'aboutir à la forme définitive de la démonstration. Il est certain que l'asymptote vers laquelle doit tendre une bonne formation mathématique consiste à faire prendre explicitement conscience aux élèves des « raisons » de l'enchaînement utilisé. Les exercices précédents peuvent quelquefois mener à une parfaite acquisition mais n'être qu'une des formes supérieures du dressage; entre les mains d'un véritable éducateur psychologue ils peuvent mener à une réelle formation mathématique.

Prenons l'exemple d'une démonstration pour illustrer ce que nous venons d'avancer (¹). Soit le théorème : les médianes d'un triangle sont concourantes en un point situé au tiers de chacune d'elles à partir de la base correspondante.

(Voir figure page suivante)

1ʳᵉ étape :

a) Prendre une vue d'ensemble du problème et essayer de justifier les démarches entreprises. Nous supposerons ici que les 2 médianes se coupent en un point I. et nous avons

$$BC' = C'A$$
$$CB' = B'A$$

Selon nos habitudes nous pensons tout de suite à $B'C'$ qui est parallèle à BC et égale à sa moitié. Ce rappel permet d'associer le point A' par lequel passera la troisième médiane. Mais nous remarquerons aussi (voir les exercices préparatoires) que $B'C'$ est égal au segment joignant les milieux des côtés IB et IC dans le triangle IBC. Ceci est le produit de cette « irradiation » dont nous avons parlé précédemment.

Ce travail de « prise de possession de la figure » une fois terminé nous revenons à notre problème : comment établir que AA' passe par le point I ?

Nous faisons appel à l'imagination géométrique des enfants; elle se révèle rapidement insuffisante. Pourtant quelques élèves pensent à l'énoncé du théorème : point situé au tiers... Une nouvelle analyse nous amène à considérer les points I' et I'' respectivement milieu de IB

(¹) C'est une des façons de présenter ce théorème; nous ne pensons pas que se soit la seule valable.

et IC; si, en effet, nous pouvions démontrer que
BI′ = I′I = IB′ le problème avancerait.

b) Cette question est reprise dans une autre perspective
parce que l'attention des élèves se porte vers les relations
rappelées plus haut :

$$C'B' = C'B' = \frac{BC}{2}$$

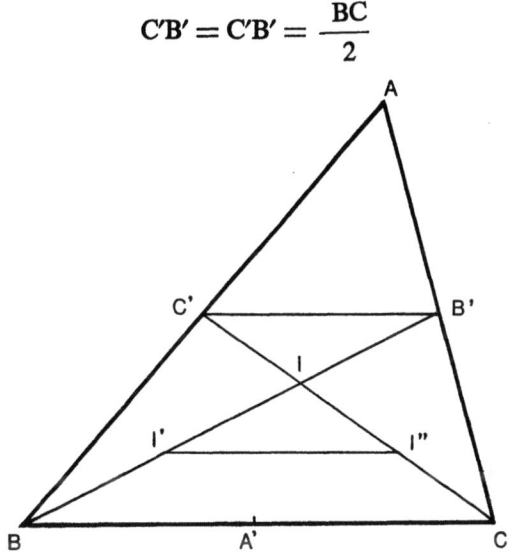

Analyse du théorème sur le point de concours des médianes
d'un triangle.

le mot « parallélogramme » est lancé par plusieurs. Aussitôt l'association joue : parallélogramme, côtés parallèles
par définition, côtés opposés égaux par propriété avec la
réciproque, diagonales se coupant en leur milieu. Sans
qu'il soit nécessaire ici de donner le détail de la conduite
de la classe il est aisé de comprendre pourquoi on aboutit
à ceci :
le quadrilatère I′ I″ B′ C′ est un parallélogramme et

le point I est effectivement au tiers de B'B à partir de B'
comme il est au tiers de C'C à partir de C'.

C'est ce que nous appelons un raisonnement partiel
qui a, en lui-même, son unité.

c) Notre problème a progressé dans la mesure où
nous avons démontré que 2 médianes se coupent en un
point situé au tiers de chacune d'elles à partir de la
base. Toutes les leçons auxquelles nous avons assisté
« escamotent » la partie la plus difficile et, peut-être, la
plus éducative.

Nous sommes en présence, en effet, d'un cas particulier
du problème général : comment démontrer que 3 droites
passent par le même point. Deux démonstrations antérieures (point de concours des médiatrices et point de
concours des bissectrices) ont utilisé une autre méthode :
application d'un théorème réciproque. Beaucoup de professeurs continuent : « On démontrerait de même que les
médianes issues de A et de B se coupent... ». C'est
l'expression « de même » qui contient toute la difficulté.
Pour nous elle a un sens; pédagogiquement elle représente
notre dogmatisme. L'important est de faire trouver à
l'enfant a posteriori la « raison » qui va justifier le raisonnement précédent et sa place dans l'ensemble de la
démonstration. Il faut faire comprendre aux élèves que
la priorité pour les 3 droites d'être concourantes pourra
être établie à partir de la propriété de ce point I qui
est déterminé, d'une façon univoque, sur BB'. En d'autres
termes la démonstration s'appuie ici sur un cas particulier
du théorème fondamental du 3e livre : étant donné un
segment, il n'existe qu'un seul point entre x et y qui
divise xy dans un rapport donné. Nous voyons bien, sur
cet exemple, l'importance des « préparations » lointaines
en mathématiques; on s'étonne qu'un théorème ne soit
pas assimilé; la raison en est souvent qu'il arrive sans
s'appuyer sur aucune expérience concrète préalable.

Nous arrivons donc à la fin de l'étape dite de « débrouillage » du problème. Chaque raisonnement partiel a été analysé et étudié en lui-même.

2ᵉ étape : L'accent va maintenant être mis sur l'enchaînement des diverses propositions. Mais, si nous nous arrêtons trop longtemps sur chaque étape de l'ensemble nous risquons (voir citation de Descartes rappelée plus haut) de rompre le fil général. Nous admettons donc, à ce moment des indications laconiques; l'important est de retrouver la suite des idées. On arrive donc au schéma suivant :

1) Deux médianes se coupent

2) Étudier propriété du point I

3) Parallélogramme I' I" B' C'

4) I est au tiers de BB' et de CC'

5) Raisonnement refait avec AA' et BB' ou AA' et CC'

6) On retrouve le même point I

7) Donc conclusion.

Mais ce schéma doit être répété un certain nombre de fois pour faire naître cette « intuition » dont parle Descartes. Nous voyons en quoi l'accélération progressive de la démarche est une nécessité et le rôle joué par la rapidité; une lenteur, nécessaire au cours de la première étape décrite ci-dessus, est une entrave à la naissance de la vision d'ensemble de la démonstration.

3ᵉ étape : Les élèves sont alors en mesure de porter leur attention sur le « style » mathématique et la dernière partie du travail mène à la démonstration parfaite aussi bien sur le plan logique que sur le plan verbal.

*
* *

La formation mathématique suppose donc une préparation à longue échéance en vue de rechercher une augmentation de la rapidité intellectuelle. Les connaissances parfaitement assimilées accompagnées d'un cortège d'associations favorisent cette accélération.

Notons ici que des activités, en apparence éloignées, concourent à obtenir cet effet. Nous avons signalé le rôle que pouvait jouer le calcul mental dans un tel cas; les conclusions (voir page 75) attiraient déjà l'attention sur les conséquences mathématiques d'une initiation systématique; dans le calcul mental, en effet, plusieurs opérations sont réunies dans le même acte de pensée et l'apprentissage ainsi provoqué peut se transférer aux autres activités mathématiques; c'est, du moins ici, une hypothèse raisonnable que des expérimentations ultérieures devront chercher à confirmer.

IX. L'ELEVE DEVANT UN PROBLEME

Toutes nos analyses précédentes peuvent paraître morcelées et il est certain que le raisonnement mathématique ne se ramène pas à la simple juxtaposition de tous les aspects étudiés. Mais il n'en reste pas moins que ce sont là des conditions nécessaires, indispensables. Lorsque l'élève fera un raisonnement mathématique, il ne prendra pas conscience — sauf en cas de difficulté trop grande — des opérations psychiques qui le mènent à la solution. C'est ainsi que se posera le problème de l'« intuition » mathématique dont l'éducateur doit connaître la nature. En d'autres termes, nous voudrions terminer ce chapitre en analysant les questions suivantes : quelle est l'activité psychologique de l'enfant en présence d'un problème nouveau à résoudre ? Comment se fait le passage de l'hypothèse à la conclusion, étant entendu que l'une et l'autre ont été traduites en un langage adéquat ? Sous une autre forme, en quoi consiste l'invention, ou la création de la solution ?

Sans faire ici une « psychanalyse » de notre évolution afin de rechercher la part d'influence et la part de découvertes personnelles, nous disons tout de suite que nous sommes amené à utiliser quelques-unes des grandes idées essentielles exprimées par Bergson dans ses ouvrages et surtout dans le célèbre chapitre de l'énergie spirituelle : l'effort intellectuel. Nous ne voulons pourtant pas nous livrer à un commentaire philosophique de ces pages extraordinaires parce que nous n'acceptons pas complètement les interprétations générales de l'auteur mais il est difficile, sur le plan descriptif, de ne pas aboutir aux mêmes faits. Les remarques des paragraphes précédents, d'autre part, nous permettront d'émettre des hypothèses raisonnables en ce qui concerne la genèse du « schéma dynamique » dont il va être question plus loin.

Avant de bien expliciter notre position, il est ici nécessaire de revenir sur certaines distinctions. Nous avons fait appel précédemment aux Regulae pour justifier la nécessité de créer un « mouvement continu » de l'esprit et aboutir à une « intuition » de l'ensemble de la démonstration. Ici, « intuition » est pris au sens purement cartésien : « Par intuition, j'entends non la confiance flottante que donnent les sens ou le jugement trompeur d'une imagination aux constructions mauvaises, mais le concept que l'intelligence pure et attentive, forme avec tant de facilité et de distinction qu'il ne reste absolument aucun doute sur ce que nous comprenons » ([1]). Mais, après avoir marqué notre acceptation de certaines conceptions cartésiennes, nous n'en sommes que plus à l'aise pour en relever l'insuffisance psychologique et les graves conséquences qui pèsent, depuis Descartes, sur l'ensemble de notre pédagogie. On a, en effet, facilement extrapolé et pensé que « la méthode, j'entends par-là des règles certaines et faciles dont l'exacte observation fera que n'importe qui ne prendra jamais rien de faux pour vrai, et que, sans dépenser inutilement aucun effort d'intelli-

---

([1]) *Règles pour la direction de l'esprit,* page 14. **Vrin.**

gence, il parviendra par un accroissement graduel et continu de conscience, à la véritable connaissance de tout ce qu'il sera capable de connaître » (¹). Et l'on a fait fi des lois fondamentales de la psychologie de l'intelligence.

La création, de quelqu'ordre qu'elle soit, n'est pas le prolongement automatique de l'intuition intellectuelle et de la déduction. Philosophes et psychologues modernes divers ont mis en évidence, avec des termes différents, la notion d'une pensée « syncrétique » (Renan, Claparède, Piaget, Wallon) « globale » (Decroly) « schématique » (Revault d'Allonnes); ils ont montré que c'est grâce à une série de clivages successifs que l'enfant arrivait à la notion d'analyse adulte, que les « idées claires et distinctes » se retrouvaient à la fin du processus génétique et non au début. Par une série d'approximations successives dues à des nombreuses interactions sur le plan affectif, le plan moteur, l'imitation, le langage, l'intelligence, on aboutissait à l'épuration progressive d'une notion et à son dépouillement en vue d'une abstraction de plus en plus complète. Mais ce processus logique ne se fait pas sur le mode linéaire; il s'accompagne de retours en arrière, de paliers, d'accélérations et de ralentissements pour l'explication desquels il faut faire entrer en jeu le point d'application de la pensée et le contenu de celle-ci, les habitudes du sujet, ainsi que son milieu, la personnalité de l'individu qui évolue. Vouloir appliquer à l'enfant des schémas de la pensée cartésienne, c'est le croire capable de processus logiques, identiques aux nôtres et c'est confondre le but avec les moyens à utiliser pour l'atteindre. La pédagogie des mathématiques n'est pas la seule à être tombée dans cette erreur car on pourrait en dire autant des méthodes d'apprentissage de la lecture par la méthode syllabique, de l'étude de la langue maternelle à partir de la grammaire, de la gymnastique par la méthode

---

(¹) *Règles pour la direction de l'esprit*, page 19. Vrin.

suédoise, du dessin par la méthode Guillaume, de la musique à partir de la définition de la portée et de la clé de sol. Mais l'illusion a été encore plus forte en mathématiques où le point d'aboutissement logique est d'ordre cartésien et où les professeurs ont, presque par définition, une psychologie se rapprochant le plus possible de celle résultant des conceptions cartésiennes.

L'étude de la conduite d'un élève en présence d'un problème à chercher fait éclater les oppositions, permet de mettre en évidence un processus nettement caractéristique et d'étudier ce que les élèves appellent « l'intuition ». Disons tout de suite qu'il ne s'agit pas de l'« intuition » au sens bergsonien et métaphysique du terme : « intuition signifie donc d'abord conscience, mais conscience immédiate, vision qui se distingue à peine de l'objet vu, connaissance qui est contact et même coïncidence ». (¹)

Au début de nos recherches nous pensions qu'il était possible de distinguer en gros deux sortes de problèmes : d'une part, il ne s'agissait que d'appliquer une règle ou un théorème et suivre ainsi un chemin tout tracé; d'autre part, les problèmes dans lesquels il fallait, d'une façon plus ou moins immédiate, découvrir le chemin qui permettait de passer des données (qu'elles soient arithmétiques, algébriques ou géométriques) aux conclusions.

Sans revenir sur ce que nous avons dit de l'application en mathématiques, nous ne pensons pas qu'une telle opposition, — ou simplement distinction — soit valable et nous sommes tenté, au contraire, de croire à l'unité et à la continuité de la pensée mathématique sous l'aspect fonctionnel; les niveaux seraient davantage marqués par la matière sur laquelle s'exerce cette pensée. En termes plus simples il y a une certaine parenté entre l'enfant du cours préparatoire qui apprend à faire le problème le plus simple qui soit (j'ai trois billes et mon ami en a 2;

(¹) BERGSON, *La pensée et le mouvant*, page 27.

combien en avons-nous ensemble ?) et le candidat à la licence qui cherche à résoudre un problème dans lequel se trouve une équation différentielle. Contrairement à ce que disent certains professeurs, il n'y a pas une classe (la cinquième en général) à partir de laquelle on « raisonne » alors qu'avant on se contentait de mécanismes plus ou moins barbares et d'exercices plus ou moins éloignés du travail intellectuel. Au contraire, Piaget a bien montré qu'il y avait un stade des opérations concrètes et un stade des opérations formelles : « de 7-8 à 11-12 ans s'organisent les « opérations concrètes », c'est-à-dire les groupements opératoires de la pensée portant sur des objets manipulables ou susceptibles d'être intuitionnés; Dès 11-12 ans et durant l'adolescence s'élabore enfin la pensée formelle, dont les groupements caractérisent l'intelligence réflexe achevée » (¹) C'est donc là une première différence liée à une seconde : celle des possibilités logiques qui s'étendent avec l'âge. Piaget a parfaitement montré comment se constituaient, chez l'enfant, les « invariants », c'est-à-dire « le moment où les relations temporelles sont réunies en l'idée d'un temps unique, ou que les éléments d'un ensemble sont conçus comme constituant un tout invariant, ou encore que les inégalités caractérisant un complexe de rapports sont sériés en une seule échelle, etc... Ils constituent des moments très reconnaissables dans le développement : à l'imagination tâtonnante succède, parfois brusquement, un sentiment de cohérence et de nécessité, la satisfaction d'aboutir à un système à la fois fermé sur lui-même et indéfiniment extensible (²) ».

Nous pouvons donc dire, en résumé, que l'enfant applique son raisonnement à un certain ordre de choses avec des moyens logiques limités alors que l'adulte utilise les

---

(¹) Psychologie de l'intelligence, pages 147-148.
(²) o. c. pages 166-167.

lois générales de la logique en les appliquant à tous les domaines de la connaissance. Mais, si les contenus et les moyens de l'acte intellectuel sont différents, ils ont en commun un aspect que nous allons examiner plus en détail; on peut donc faire remarquer ici que le mot démonstration recouvre des processus mathématiques différents qui doivent évoluer avec les possibilités intellectuelles des élèves : au début la démonstration sera très proche des vérifications pratiques ou numériques (montrez que...); elle fera appel ensuite à des schémas visuels plus ou moins bien compris (aire d'un parallélogramme par exemple); pour devenir enfin la démonstration au sens courant du terme.

Prenons un exemple très simple afin d'analyser la démarche de l'esprit; mais, remarquons tout de suite, en nous appuyant sur ce que nous avons dit dans le paragraphe précédent relatif à la rapidité, que chez le mathématicien il y a justement condensation de tous les processus que nous allons expliciter en un seul acte intellectuel. D'où cet aspect mystérieux et miraculeux de la découverte d'une solution.

L'exemple est volontairement simple afin de saisir, dès ses débuts, l'essentiel du raisonnement mathématique. Soit à démontrer que deux triangles sont égaux; L'essentiel de l'activité psychique nous semble être dans le va-et-vient et l'ajustement progressif qui doit s'opérer entre les connaissances apportées par l'énoncé et la connaissance des trois cas d'égalité.

En d'autres termes, il y a une connaissance incomplète et provisoire à mettre en correspondance, d'une façon précise, avec une connaissance parfaite et que nous serions tenter de qualifier de « normative ». Explicitons ce qui se passe chez l'enfant ou ce qui doit se passer dans une bonne éducation :

1) On me parle de triangles égaux. Donc je fais appel aux cas d'égalités que je connais.

2) Un retour vers la figure m'amène à voir, par exemple, que les triangles ont deux côtés respectivement égaux.

3) Je retourne aux cas d'égalité. Je peux alors penser à éliminer le premier cas. Mais si je considère le second cas, je dois faire attention à l'angle compris entre les deux côtés signalés.

4) Retour à la figure pour chercher à démontrer l'égalité de cet angle. Si cela m'est impossible, je retourne aux énoncés des cas d'égalité.

5) Il me reste le troisième cas : je dois alors me porter vers le troisième côté.

6) L'examen de la figure m'amène alors à trouver l'égalité recherchée.

Il nous est donc possible d'interpréter ces démarches à l'aide d'une notion voisine de celle de Bergson, en faisant appel à un « schéma dynamique ». Nous entendons par-là que cette représentation contient moins les images elles-mêmes que l'indication de ce qu'il faut faire pour les reconstituer ». Et Bergson ajoute d'ailleurs : « Le schéma est quelque chose de malaisé à définir mais dont chacun de nous a le sentiment... » [1]

Bien plus que la définition du schéma dynamique nous accepterons cette remarque de Bergson qui parle « d'un équilibre qui est une adaptation réciproque de la forme et de la matière. Le schéma varie de période à période; mais, dans chacune des périodes, il reste relativement fixe, et c'est aux images de s'y adapter » (o. c. p. 182). L'analyse de l'exemple précédent nous dispense d'un commentaire supplémentaire. Mais des conséquences psycho-pédagogiques importantes sont à examiner.

Que se passe-t-il, en effet, dans la plupart des cas ? L'élève part des propriétés les plus évidentes ou les plus faciles à trouver (que ce soit exact ou non) et, dans le

[1] BERGSON, *L'Energie spirituelle*, pp. 161-162.

cas le plus favorable, cherche à « raccrocher » ces propriétés à un théorème connu qui se rapproche de ce qu'il sait; et il estime son travail terminé. Le va-et-vient décrit précédemment, qui suppose une réversibilité de la pensée et qui assure le contrôle de la démarche logique, n'est pas utilisé. Selon les cas la « justification » est plus ou moins valable, la chance étant ici un facteur non négligeable. Dans le cas le plus défavorable l'élève reste devant les quelques remarques qu'il a faites au début et est arrêté dans son travail. Et ces remarques présentées à propos d'un cas très simple prennent une importance encore plus grande quand il s'agit d'un problème plus complexe; nous nous trouvons ici en présence de cette inhibition caractéristique de l'adolescent en présence d'une question de mathématique.

Il nous faut ici nuancer certaines de nos affirmations précédentes pour bien comprendre la genèse de la conduite du pré-adolescent en ce qui concerne les mathématiques. Nous avons utilisé le terme de « réversibilité » et l'on sait maintenant qu'elle n'apparaît pas avant un âge assez avancé (stade des opérations concrètes); d'autre part, Piaget indique que : « la pensée formelle au contraire, consiste à réfléchir (au sens propre) ces opérations, donc à opérer sur des opérations ou sur leurs résultats, et par conséquent à grouper des opérations au second degré ». Il est donc certain que dans la mesure où ce va-et-vient entre le théorème et les propriétés présuppose une possibilité de réversibilité et une prise de conscience des opérations psychiques effectuées, une telle conduite est pratiquement impossible pour le jeune enfant. Mais il est pourtant possible de « faire vivre » cette « réversibilité » au jeune enfant en lui donnant des problèmes simples pour lesquels on requiert l'application d'une opération et, inversement, l'habituer à découvrir des problèmes concrets qui nécessiteront, pour être résolus, l'utilisation d'une opération déterminée. Il faut reconnaître que trop souvent seule la première forme est utilisée dans les problèmes et qu'elle se transforme malheureusement en un dressage parfois un peu trop mécanique. Mais la classe de 6e doit permettre les connections nécessaires; des problèmes identiques à ceux des cours moyens doivent être présentés; ils doivent assurer la continuité de la formation de l'école primaire et du second degré et, en même temps, appeler l'attention des élèves sur les aspects formels des opérations effectuées. (Voir ce que nous avons dit précédemment à ce sujet p. 101.)

Le processus d'ajustement progressif que nous avons accepté pour traduire l'activité de l'esprit au cours de la recherche d'une solution par un élève est donc très proche de celui que l'on observe, sur le plan génétique, pour passer du syncrétisme à la pensée adulte. Mais il y a une différence essentielle. L'enfant est plongé dans un monde d'où il reçoit toute une série de messages : milieu humain, physique, social..., son ajustement progressif se fait par rapport au réel qui lui préexiste. Dans le cas des mathématiques le schéma dynamique n'est pas donné avec le problème. Dans le va-et-vient entre un schéma dynamique et les données du problème, seules ces dernières existent et toute progression est, dès lors, difficile sauf dans une perspective cartésienne : c'est-à-dire impossible étant donné la psychologie de l'enfant. D'où une première raison du blocage de l'élève : il ne sait pas ce qu'il doit faire. Il attend l'intuition miraculeuse qui va lui permettre de trouver la solution du problème.

Que peut faire l'éducateur ? Son rôle consiste à développer chez l'élève cette possibilité de faire un bond en avant et de favoriser chez lui, en présence d'une question, la naissance d'un schéma dynamique. La réponse nous paraît ici facile à donner. Nous avons montré, dans le paragraphe consacré aux réflexes intellectuels, comment le professeur pouvait et devait créer, par une irradiation des connaissances précises, de véritables schèmes d'action. Ce sont des schèmes d'action qui joueront le rôle de schéma dynamique bergsonien. Démontrer que $IA = IB$

nous amène tout de suite aux schémas suivants :

— IA et IB sont des côtés de triangles égaux
— IAB est isocèle
— PI est médiane d'un triangle PAB

La recherche du problème se définit donc comme l'étude, presque systématique pourrait-on dire, des ajustements possibles de chacun de ces schémas aux données de la figure.

Pour que ces schèmes d'action soient efficaces, il faut qu'ils éveillent l'aspect fonctionnel de la donnée. Reprenant ici des recherches de Binet à propos des joueurs d'échecs, Bergson donne ici des indications qui pourraient s'appliquer mutatis mutandis à la recherche d'un problème : « ce qu'ils retiennent et se représentent de chaque pièce, ce n'est pas son aspect extérieur, mais sa puissance, sa portée et sa valeur, enfin sa fonction. Un fou n'est pas un morceau de bois de forme plus ou moins bizarre : c'est une « force oblique »... (¹). Il en est de même d'une médiane AI; son rôle essentiel tient au fait que le point I a une propriété déterminée ou qu'elle rencontre une autre médiane en un point connu. Ce n'est pas l'existence absolue d'un segment qui intéresse le géomètre dans une figure mais le rôle qu'il peut jouer dans l'ensemble.

Cette prise en considération des aspects fonctionnels des données d'un problème amène à des modifications de celles-ci. C'est la raison pour laquelle un élève ne doit pas rester inactif devant un problème ou une figure géométrique; le schème d'action est le produit d'un donné perceptif et d'une série d'associations créées par le professeur au cours de leçons. Il est absolument nécessaire que l'éducateur habitue l'enfant à réagir devant un problème, quel qu'il soit. Il faut dénoncer l'idée que se font les élèves d'une découverte soudaine et arbitraire de la

---

(¹) L'énergie spirituelle, p. 163.

ligne à tracer pour trouver la solution du problème; l'intuition existe et elle est le produit d'une forme de l'imagination. Mais elle est le résultat de connaissances précises parfaitement assimilées et des nombreuses associations créées au cours de l'apprentissage, ces associations pouvant d'ailleurs s'appliquer aux propriétés elles-mêmes ou aux méthodes à utiliser. C'est la raison pour laquelle il ne faut pas, dans les débuts de l'apprentissage, proposer des problèmes « à ficelle » ou à « astuce » qui entretiennent le néophyte dans l'idée que le mathématicien possède un don merveilleux de découverte. Beaucoup de professeurs, sur ce point, n'ont pas l'humilité suffisante et font éclater nettement leur dangereuse supériorité; dans d'autres cas ils sont plus « grecs » que « cartésiens » et s'intéressent davantage à la « belle » solution qu'à la solution qui est trouvée par une démarche logique et normale de l'esprit.

Les problèmes s'appliqueront à des parties de plus en plus étendues du programme et deviendront de plus en plus compliqués; mais la recherche de la solution consistera à trouver l'ajustement logique adéquat entre la série de possibles issue des hypothèses et celle issue des conclusions par l'intermédiaire d'un schème d'action qui jouera ici le rôle analogue à celui de l'hypothèse en sciences. Mais quel que soit le niveau, la réussite est liée à la richesse de ce schème d'action qui va mettre en route l'ensemble du processus psychique. Et cette richesse est fonction, rappelons-le de deux conditions : une disposition affective du sujet favorable à l'activité et un ensemble de connaissances parfaitement coordonnées et organisées.

Il nous est dès lors possible de conclure et de montrer l'importance d'une telle formation. La démarche préconisée ici peut être rapprochée de la démarche scientifique générale : après un certain niveau de connaissances est élaborée une hypothèse; celle-ci à son tour, est mise à l'épreuve grâce à une expérimentation issue d'elle; les résultats obtenus permettent de remanier l'hypothèse primitive et ainsi de suite. Ici la démarche s'arrête quand l'ajustement trouvé répond aux règles de la logique emportant avec lui la certitude de son exactitude. L'apprentissage des mathématiques peut dont être considéré comme un des aspects de la formation scientifique.

Mais il ne s'agit pas seulement de sciences. Dans toutes les activités humaines, on pourrait retrouver un processus psychique analogue. Comment se fait le diagnostic médical ? Le praticien observe un certain nombre de signes, plus ou moins nets; il en induit un diagnostic provisoire et il peut confronter l'ensemble des signes qui détermina ce jugement avec les signes réels observés; comme le signale Bergson : « tout l'effort d'invention est alors une tentative pour combler l'intervalle par-dessus lequel on a sauté, et arriver de nouveau à cette même fin en suivant cette fois le fil continu des moyens qui la réaliseraient » (o. c. p. 174). On pourrait de même analyser l'activité intellectuelle d'un élève en train de faire une version latine et l'on aboutirait à ce va-et-vient entre le texte proposé, le sens vague et approché qui se précise au fur et à mesure de l'accomplissement du processus.

Il est certain, qu'il s'agisse de mathématiques ou d'une autre forme de raisonnement, qu'avec l'entraînement un raccourci s'opère et une sorte de court-circuit s'établit entre les données et les conclusions. Mais, dans les cas difficiles, il est aisé de retrouver ce que nous avons affirmé. Une sorte d'automatisme analogue à celui de la marche et du langage s'établit et nous permet de résoudre rapidement un problème. Un entraînement enrichit les schèmes d'action logique et augmente la rapidité des ajustements successifs qui deviennent pratiquement inconscients. A la limite on a soi-même quelquefois l'impression de deviner la solution plutôt que de l'avoir cherchée; mais ce serait ignorer le rôle actif de toute une série de processus inconscients sur lesquels la psychologie moderne a fortement insisté. Il n'en reste pas moins vrai que le fonctionnement logique de l'esprit en présence d'un problème ne se fait pas d'une façon purement automatique et machinale. La personnalité de l'individu introduit une donnée non négligeable et une étude importante devrait être entreprise pour aboutir à une psychologie différentielle du raisonnement mathématique afin d'adapter encore mieux les méthodes pédagogiques aux possibilités individuelles de chacun des élèves.

CONCLUSIONS GENERALES

Le compte rendu et l'analyse des expériences présentées nous ont amené chaque fois à des indications pédagogiques relatives au point précis examiné. Il est peut-être nécessaire maintenant, non de reprendre ces conclusions partielles, mais de poser certains problèmes généraux qui n'ont été qu'esquissés au passage : il s'agit en fait de quatre grands thèmes de réflexion à partir desquels peuvent se discuter, à notre avis, la plupart des aspects fondamentaux de la pédagogie des mathématiques.

I. PEDAGOGIE DES MATHEMATIQUES ET PSYCHOLOGIE INDIVIDUELLE

Jules Supervielle a traduit magnifiquement l'atmosphère lourde, pénible, sans intérêt d'une classe de mathématiques
... « Des lettres sans mots ni patrie
      Dans une attente endolorie »
et, tandis que
   « Une voix s'élève et s'apaise »
le professeur devant
      « Quarante enfants dans une salle »
discute de mathématiques
      « Sous les yeux fixes des garçons ».

Et malheureusement une expérience de l'inspection nous apprit l'ennui de certaines classes de mathématiques d'où tout intérêt était chassé, presque systématiquement, comme pour répondre au vœu d'Alain : « Ce qui intéresse n'instruit pas ».

Une question se pose donc tout de suite à nous : les pré-adolescents sont-ils intéressés par les mathématiques ? Nous n'avons pas entrepris une étude complète de cette question mais un questionnaire nous apporte des indications fort intéressantes. Nous proposâmes à des élèves de plusieurs classes, au cours d'une épreuve, la question suivante :

Classez, par ordre de préférence, les matières suivantes : Morale et Instruction Civique; Français (littérature, lecture expliquée, composition française); Histoire, Géographie; Arithmétique; Algèbre; Géométrie; Physique; Chimie; Sciences naturelles; Musique; Dessin; Gymnastique; Langue étrangère; Travail manuel.

Afin que l'influence d'un très bon ou très mauvais professeur n'oriente pas les résultats nous avons travaillé dans plusieurs classes de quatrième et de troisième, avec des garçons et des filles. Nous avons ainsi obtenu un rang moyen pour chacune des disciplines. Des calculs de corrélation ont montré la parenté des choix puisque les coefficients sont les suivants :

Entre	r
3e ♂ — 4e ♂	0,81
4e ♂ — 4e ♀	0,66
3e ♀ — 4e ♀	0,75

Il nous est donc possible, en première approximation, de donner le classement suivant avec le rang moyen obtenu :

Géographie	5,05	Dessin	8,2
Français	5,55	Physique	8,5
Gymnastique	5,9	Chimie	8,5
Histoire	6,0	Géométrie	8,7
Travail		Langues	8,8
manuel	7	Algèbre	9,1
Sciences		Arithmétique	9,2
Naturelles	7,8	Musique	9,4

et enfin, en bonne dernière place, la morale avec 11,4.

Quelle que soit la faible valeur scientifique de ce sondage nous constatons aisément que les mathématiques figurent parmi les disciplines les moins appréciées des adolescents.

Les motifs de cette conduite sont utiles à connaître pour que l'éducateur puisse essayer de réagir. Nous interrogeâmes pour cela beaucoup d'adolescents et d'adultes afin de recueillir les impressions présentes ou les souvenirs. Donnons telles quelles certaines de ces confessions.

G. Claude, 22 ans, élève de l'E. N. S. de Saint-Cloud. Agrégatif de Lettres : « Première impression liée aux cours de mathématiques : exigences de précisions, impossibilité de « rêvasser » en classe; le professeur secoue les rêveurs. D'où les mathématiques : nécessité de ne pas échapper à la réalité scolaire presque toujours rebutante. D'autre part les exercices de mathématiques sont faits en classe : ils exigent la rapidité. Mais la présence du professeur me cloue : d'où désarroi et échec. L'une des personnes qui m'a fait faire des maths. est une personne que je ne pouvais pas sentir. Impression pénible. Je faisais des maths. à contrecœur, plus tard, en plus elles me semblaient « inessentielles » à la vie affective ».

Beaucoup d'adolescents reprendront ce thème du contrôle possible; les disciplines littéraires n'aboutissent pas à un jugement aussi net : un devoir de français n'est jamais complètement faux comme peut l'être un problème. Cette plainte est liée d'ailleurs à l'importance des facteurs affectifs dans la vie du jeune homme ou de la jeune fille. Les très beaux travaux de Maurice Debesse ont suffisamment éclairé cette période particulièrement méconnue de l'évolution humaine. Alors que nos jeunes gens sont préoccupés par une série de problèmes intimes, par des difficultés d'adaptation à un monde qu'ils croient hostile et incompréhensif, les disciplines mathématiques ne trouvent pas, en général, d'écho en eux. Dans les confidences d'adultes, d'ailleurs, il faut tenir compte de l'action inconsciente jouée par l'opposition de Pascal entre « l'esprit de géométrie et l'esprit de finesse »; beaucoup d'adolescents et d'adultes, en effet, sont fiers de ne pas avoir l'esprit géométrique car, dans leur naïveté, ils croient que l'absence d'un des termes du diptyque renforce automatiquement la présence de l'autre ! Mais nous reviendrons sur cette attitude plus loin.

Dans un très grand nombre d'impressions une autre dominante apparaît.

M..., professeur d'histoire : « Le professeur me terrorisait et croyait que je ne voulais pas travailler alors que je faisais tous mes efforts ». Un autre collègue ajoute : « Le professeur de 4e, une femme très sévère, m'a certainement détourné de la géométrie; elle était d'une telle sévérité (7 ou 8 zéros par séance pour 13 élèves) qu'elle m'a complètement dégoûté des mathématiques en 15 jours ». Un inspecteur actuel me confiait encore : « Le début des mathématiques m'a été présenté d'une façon si indigeste (théorèmes à apprendre par cœur) que je n'y compris rien. Je fus alors traité « d'imbécile » et de « crétin » par mon professeur et je perdis confiance en moi ».

Tous ces témoignages mettent rarement l'accent sur les défauts du sujet mais attribuent généreusement la cause de leur échec au professeur. Sans accorder aux affirmations précédentes toute leur valeur rappelons pourtant que la plupart des adultes interrogés sont soit professeur de lycée ou d'école normale, soit inspecteur de l'enseignement primaire, soit agrégé de l'université. On est donc en droit de penser que toutes les difficultés ne provenaient pas uniquement d'eux. Nous sommes frappé ici par un trait commun : la peur du professeur. C'est ce que confirme une observation attentive et sympathique des jeunes élèves et c'est ce que nous apprennent nos propres enfants. Angéla Médici écrit : « Sous n'importe quel dehors, effronté ou timide, paresseux ou ardent, ouvert ou dissimulé, dès ses premiers pas dans la vie scolaire et jusqu'au moment où, aidé de ses camarades il forgera ses moyens de défense, l'enfant a peur. Cette peur, l'école dispose d'armes redoutables pour l'entretenir et la faire augmenter » ... Les éducateurs connaissent l'enfant « appliqué », le « paresseux » et l'« insolent », le « méchant » même et l'« indiscipliné ». Etiquettes commodes... Mais ils ignorent l'enfant le plus vrai de tous, « l'enfant qui tremble ». Avec quelques modifications qui tiennent à la différence d'âge on peut dire aussi que le garçon ou la fille qui se trouve, pour la première fois, en présence du professeur de « mathématiques » est effrayé. Le mot lui-même n'est-il pas nouveau dans la vie scolaire et n'est-il pas escorté d'une solide réputation de difficile et dangereux ? Dans toutes les autres disciplines l'enfant s'y reconnaît. En mathématiques les mots barbares affluent : théorèmes, axiomes, postulat et on ne nous épargnait même pas les « lemmes » ! Les difficultés intellectuelles existent, nous l'avons vu. Le problème semble insoluble tellement l'unanimité se fait sur tous les points.

Dans la citation signalée plus haut, une expression est à reprendre : « jusqu'au moment où il forgera ses moyens de défense ». Effectivement l'adolescent répond à nos maladresses par une conduite spectaculaire où la nullité en mathématiques devient une gloire. On est très fier de se qualifier de littéraire et de se vanter des très mauvaises notes en géométrie; malheureusement cette attitude aboutit aux résultats que connaissent tous les examinateurs de mathématiques au baccalauréat de philosophie : des candidats qui se croient capables de discuter des méthodes scientifiques modernes sans savoir ce qu'est une dérivée ou une intégrale. Mais il faut pourtant comprendre la genèse et le développement de cette conduite « antimathématique » qui fait tant de ravages dans notre enseignement du second degré. L'agressivité provoquée chez l'élève soit par des échecs, soit par des injures ou des humiliations est compensée par une conduite de fanfaron qui a cours dans le milieu adolescent — et même quelquefois dans le milieu adulte. Une psychanalyse des parents serait d'ailleurs à faire sur ce point car les mathématiques représentent un domaine où les enfants peuvent faire nettement éclater leur supériorité sur les parents.

C'est contre le développement de cette attitude que nous avons particulièrement lutté parce que nous sommes convaincu — et le psychologue moderne confirme notre position — qu'il s'agit là d'un problème pédagogique fondamental. Les processus logiques ne peuvent se développer correctement que si un climat affectif leur est favorable. C'est peut-être sur ce point que notre expérience de la classe suivie depuis la sixième est la plus concluante. Nous avons fait tous nos efforts pour assurer une tranquillité émotive aux élèves et créer entre elles et nous un courant de sympathie et d'amitié. Nous ne donnâmes pas beaucoup de travail à faire en dehors des cours et, très souvent, n'étaient indiquées sur le terrible cahier obligatoire de notes que les bonnes notes. D'autre part nous tenions compte de la situation sociale créée par une classe et des répercussions d'une interrogation individuelle au tableau. Pratiquement nous ne faisions jamais « passer une élève au tableau » que dans les cas où nous étions presque assuré d'obtenir une bonne réponse. Dans tous les cas nous avons donné l'assurance aux élèves de comprendre, d'aboutir au bon résultat et nous leur avons donné confiance en elles; il était entendu entre nous que tout le monde devait comprendre et qu'il ne fallait pas hésiter à signaler une difficulté éprouvée. Dans les cas de notions sur le point d'être assimilées, des exercices par équipes favorisaient les progrès des élèves les plus faibles puisque celles qui avaient compris devenaient « responsables » d'une autre camarade. C'est ainsi que nous avons obtenu une classe détendue, abordant les mathématiques sans crainte et avec la conviction de réussir. Si une question était difficile à dominer nous jouâmes alors sur la « sportivité » de l'adolescent et de véritables compétitions de rapidité et d'exactitude furent organisées.

C'est donc, sur tous les plans, une pédagogie de l'encouragement et du succès que nous avons pratiquée. Elle s'est révélée très favorable à l'épanouissement logique de nos élèves et les résultats obtenus ont répondu à notre attente.

Nous voudrions encore signaler le rôle nécessaire joué par le groupe dans l'initiation mathématique et l'importance d'une collaboration entre les élèves; il est d'observation courante de voir un élève mieux comprendre les explications naïves d'un de ses camarades que celles du maître; c'est un fait déjà signalé par Piaget. Nous ne pensons pas que le rôle du professeur en soit diminué. Mais ces explications entre camarades constituent le stade « intuitif » de la compréhension mathématique qui sera le point de départ d'une activité d'explication et de mise au point.

D'autre part la recherche en commun d'une démonstration — si elle est bien conduite et ne laisse pas s'endormir les élèves les plus faibles — a une valeur dynamique certaine. Selon les cas, l'effort intellectuel de l'élève s'encadre entre deux périodes de travail de groupe ou, inversement, c'est une recherche individuelle qui s'appuie momentanément sur une période de travail en commun. La justification complète de ces affirmations supposerait une discussion approfondie des méthodes modernes des écoles actives; nous nous contenterons d'insister sur le fait qu'une activité purement individuelle qui met l'enfant constamment en présence de lui-même n'est guère favorable à l'épanouissement de ses possibilités logiques.

A ces remarques générales il faut en ajouter d'autres qui tiennent compte des caractéristiques individuelles de chacun de nos élèves. Comme nous l'avons montré plus haut la crise de l'adolescence ne correspond pas toujours à une époque favorable à l'initiation mathématique. Mais, en plus, on a essayé de mettre en rapport le caractère avec la facilité, ou la difficulté de l'étude des mathématiques. Un collègue belge, W. Servais ([1]) a essayé, à partir de la caractériologie de Heymans et Wiersma, de mettre en relation les types caractérologiques et l'aptitude aux mathématiques; nous rappelons ici les jugements portés par cet auteur pour montrer à la fois leur simplicité, leur généralité et leur facilité.

« — Les passionnés (E. A. S.) : la rapidité et la vigueur de son intelligence, son sens du concret, sa réflexion, sa mémoire organisée en font un bon élève, souvent un excellent étudiant dans les lettres, les sciences naturelles et les mathématiques.

— les colériques (E. A. P.) : ses connaissances décousues sont peu organisées, son exubérance unit à sa réflexion, son esprit n'est pas fait pour l'abstrait. Le colérique est difficile à atteler aux calmes tâches scolaires et, en particulier, aux mathématiques. Pour réussir à l'intéresser il faut faire usage de moyens concrets.

— les sentimentaux (E. nA. S.) : s'il peut analyser avec finesse et ressentir les œuvres délicates, il a la pensée rationnelle lente et confuse. De là son manque d'esprit d'à-propos et son inaptitude aux sciences. Il faut l'aider à suivre un raisonnement dont la sécheresse le rebute.

([1]) W. Servais, *Connaissance des élèves*, dans le Bulletin de la Société des professeurs de mathématiques belges.

Pour le gagner aux mathématiques il est bon de lui faire sentir la beauté d'une démonstration rigoureuse.

— les nerveux (E. nA. P.) : l'élève nerveux est assez fréquent dans les classes, sauf dans celles qui leur sont pratiquement fermées par les mathématiques.

— les flegmatiques (Ne. A. S.) : il a le goût des systèmes abstraits, des principes, des règles et des lois. Il prend aux mathématiques un vrai plaisir ».

Nous n'allons pas nous lancer dans une analyse critique de la caractérologie d'Heymans et Wiersma. Mais nous avons tenu à faire citation parce que l'auteur, excellent professeur de mathématiques touche, ici, à un problème fondamental que les éducateurs ne doivent pas ignorer. Nous parlons tous de l'initiation des élèves du second degré aux mathématiques et nous pensons uniquement aux difficultés en fonction du niveau scolaire. Nous ne devons pas négliger que l'accession d'un individu à la mathématique se fait par des chemins dont le tracé est sous la dépendance de sa personnalité. Nous ne pouvons pas encore répondre à la question de savoir si une classification caractérologique générale est suffisante; nous serions plutôt enclin à penser que la situation pédagogique créée, développe des types de réactions qui enrichissent la connaissance de la personnalité de nos élèves. Quoi qu'il en soit, il est nécessaire de connaître le mode de réaction personnelle de chaque enfant afin de le traiter pédagogiquement d'une façon adéquate; on a parlé en termes trop généraux de l'individualisation de l'enseignement; les mathématiques nous apportent ici une illustration concrète. Certains élèves aborderont un problème en traduisant les données par des dessins, d'autres par des relations; les uns se paieront de mots alors que d'autres auront une intuition précise de la solution; les uns adopteront une conduite de recherche désordonnée et fantaisiste alors que les autres procéderont méthodiquement et calmement; les uns s'attaqueront plus facilement à la recherche de la solution laissant à d'autres le soin de la mise en forme. Et nous passons sous silence la distinction déjà faite par Poincaré entre les « analystes » et les « géomètres ». En toute sincérité il faut avouer que cette étude reste encore presque entièrement à faire. Elle est pourtant indispensable et complète nécessairement les points de vue exposés ici. La pédagogie ne pourra devenir réellement efficace que lorsqu'elle pourra jouer à la fois sur les coordonnées de l'âge et sur celles de la personnalité; tout ceci, répétons-le avec force, afin de tendre vers un but commun : la rigueur logique du raisonnement.

II. PROGRESSION PSYCHOLOGIQUE ET PROGRESSION LOGIQUE

Nous avons très souvent soulevé la différence qui existait entre la progression psychologique et la progression mathématique pour que nous n'ayons pas besoin de reprendre les exemples un à un. Il y a, manifestement, un heurt de deux logiques : celle de l'enfant et celle de l'adulte. Le problème consiste à réduire la première pour laisser place à la seconde en cherchant à favoriser le passage actuel et à préparer efficacement l'avenir.

Plusieurs solutions désastreuses sont pourtant utilisées et comportent de graves conséquences. La première solution néfaste consiste à vouloir initier l'enfant qui n'a qu'un développement intellectuel suffisant : en termes simples disons qu'une erreur consiste à commencer trop tôt. Les éducateurs n'ont pas encore entendu le cri de Rousseau : « savoir perdre du temps »; c'est souvent le meilleur moyen d'en gagner. Sur cette question notre expérience est décisive. On nous reprocha souvent notre lenteur au niveau de la sixième et de la cinquième; nous nous refusâmes systématiquement à voir, dans ces classes, le programme imposé; notre rythme se calqua sur celui des enfants. A partir de la classe de 4e nous avions rattrapé le « temps perdu » et nos élèves avaient, pour leur examen de fin d'année, étudié l'ensemble du programme; les notions trop difficiles furent déplacées dans le programme; l'ordre logique adulte subit quelques entorses; les résultats furent pourtant excellents. C'est ainsi que les problèmes relatifs aux mobiles, aux opérations commerciales, aux notions de poids spécifiques... furent passés complètement sous silence jusqu'en quatrième.

Et ceci introduit une autre conséquence pédagogique importante. Une notion présentée trop tôt n'a pas seulement une valeur « neutre »; trop difficile elle a les conséquences de toute conduite d'échec et fait perdre à l'enfant confiance en lui. Elle sensibilise, de plus, l'élève à tout problème touchant cette question et alimente cette attitude antimathématique que nous avons déjà signalée. Lorsque, plusieurs années plus tard, on reprend ces questions non assimilées, on a beaucoup plus de mal qu'en commençant avec des élèves pour lesquels il s'agit de notions neuves.

La seconde solution désastreuse consiste à imposer, à l'enfant, dès le début de son initiation, une conduite logique adulte, et étouffer toutes les manifestations de la logique enfantine en voie de déclin. Il ne faut pas s'étonner alors que, soit l'activité intellectuelle de l'enfant reste sur le plan uniquement verbal, soit qu'elle disparaisse, soit qu'elle se transforme en agressivité vis-à-vis du professeur, des mathématiques et de la vie scolaire dans son ensemble. Nous avons souvent signalé la confusion pédagogique qui existe entre le but à atteindre et les moyens à utiliser. Désirer obtenir, à la fin du premier stade de l'éducation mathématique, un esprit logique formé et fonctionnant correctement n'est pas incompatible avec une méthode psychologique adaptée aux possibilités des élèves. C'est même, pour nous, une condition indispensable.

Il faut aller plus loin et ne pas nous contenter de nous défendre; attaquons l'adversaire. Que signifie, en effet, « progression logique » ? Si l'on veut donner à cette expression tout son sens il faut aller jusqu'au bout et admettre que la seule progression logique valable est celle qui se déduit des travaux actuels sur l'axiomatisation. On commence tout de suite à faire des concessions et à admettre l'idée d'une certaine adaptation de la progression au niveau des élèves. Un texte de Bourbaki pose lui-même le problème pédagogique : « Le traité prend les mathématiques à leur début et donne des démonstrations complètes. Sa lecture ne suppose donc, en principe, aucune connaissance mathématique particulière, seulement une certaine habitude du raisonnement mathématique et un certain pouvoir d'abstraction », (1) Comment peut-on acquérir cette « certaine habitude du raisonnement mathématique » dont parle l'auteur ?

La solution qui nous paraît la plus conforme aux lois psychologiques et pédagogiques consiste à considérer les efforts de l'axiomatique comme la limite de l'évolution d'une intelligence habituée à s'arrêter, au cours de son chemin, pour faire le point et structurer ses acquisitions en vue de progrès ultérieurs. En fait une première « formalisation » des connaissances acquises apparaît au début de la classe de cinquième où toutes les connaissances concrètes, abstraites sont refondues et présentées autrement. Pour ce qui est de « l'enseignement court », une nouvelle « formalisation » doit se faire au début de la troisième. Dans le cycle secondaire la classe de seconde consacre cette nouvelle attitude devant les problèmes mathématiques; c'est le prélude à un autre bond vers un plan plus élevé : celui de la classe de mathématiques élémentaires. S'il fallait concrétiser notre progression nous utiliserions volontiers l'image d'une famille d'ellipses ayant un foyer commun et une distance focale augmentant avec chaque stade. Mais l'idée importante reste qu'à chaque époque un équilibre s'établit entre les facteurs logiques, les données de l'expérience concrète, les apports de l'intuition;

---

(1) BOURBAKI, *Eléments de mathématiques*, Editions Herman.

de stade en stade la formule de l'équilibre varie pour tendre vers la prédominance des facteurs logiques.

La pédagogie des mathématiques ignore, souvent aussi, les lois de la psychologie et cela d'une autre manière. L'initiation aux mathématiques, si elle est en quelque sorte un catalyseur permettant aux cadres logiques de naître et de se développer n'en est pas moins soumise aux lois du « learning ». Les professeurs de mathématiques confondent trop souvent compréhension et acquisition et oublient que : « le temps efface, dégrade, transforme les souvenirs ». Nous n'allons pas illustrer toutes les lois psychologiques de l'apprentissage et de l'oubli au moyen d'exemples mathématiques. Mais nous voudrions appeler l'attention sur des expériences d'Ebbinghauss citées par Woodeworth. En ramenant tous les jours à l'acquisition parfaite (indice 100) un souvenir chez un sujet on a obtenu la courbe ci-après.

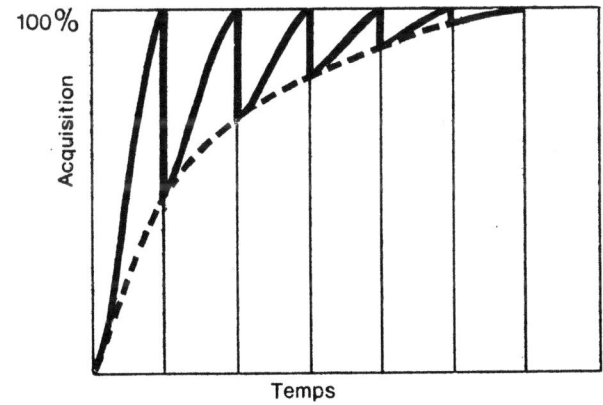

Ne retrouve-t-on pas la sagesse grecque affirmant qu'il fallait oublier 7 fois pour bien savoir ? En ce qui concerne la courbe analogue que l'on obtiendrait avec des processus mathématiques il y aurait, étant donné l'influence des facteurs intellectuels de compréhension, une forme différente qui serait celle indiquée sur la figure.

Après de nombreuses répétitions et révisions l'éducateur doit aboutir à une connaissance indélébile. Dans quelques cas la démonstration ou la propriété aura produit un tel effet que la mémoire de l'enfant aura enregistré pour toujours; mais dans de très nombreux cas l'oubli intervient et il est nécessaire de « ramener à 100 » le souvenir. Selon les propriétés ou les règles c'est par des exercices nombreux et systématiques que l'on aboutira à cette assimilation et possession définitives; dans d'autres cas il faudra prévoir des recoupements, des regroupements, des révisions.

La psychologie du professeur de mathématiques est en jeu dans ce domaine. La poursuite du cours à une « vitesse constante » est plus agréable que ces répétitions fastidieuses et ces vérifications de connaissances. Mais si la construction d'un château de sable est en jeu, la formation mathématique de jeunes adolescents exige beaucoup de patience, d'art et de science psychologiques. Nous avons suffisamment montré la nécessité de connaissances précises et parfaitement assimilées pour que nous ayons besoin de nous étendre sur ce point.

*
* *

Une autre question pédagogique se présente à nous à propos de la répartition et de l'utilisation des heures d'enseignement accordées aux mathématiques. Pour satisfaire un besoin de sécurité aussi bien de l'Administration que du Professeur on inscrit à l'emploi du temps, dans les cases correspondantes : « Arithmétique », « Algèbre », « Géométrie ». Et toute l'année, quelle que soit la matière du cours, un ordre imperturbable sera imposé : arithmétique, algèbre, géométrie, arithmétique...

Il est facile de montrer que le regroupement de certaines parties du programme bouleverse sans danger l'emploi du temps. La notion de rapport ne peut être acquise sans faire appel à tous les domaines à la fois et il est curieux de voir faire encore quelquefois une leçon d'arithmétique sur le rapport et les proportions indépendamment de la leçon correspondante de géométrie. Nous supposons, évidemment, qu'une organisation intelligente a confié au même professeur tout l'enseignement mathématique d'une classe déterminée.

Si les ajustements précédents sont fréquents, il en est d'autres qui sont rares avant la classe de mathématiques élémentaires; ils présentent pourtant de nombreux avantages pédagogiques. Un cours de mathématiques pris dans son ensemble a une structure déterminée et le programme présente, dans chacune des disciplines, des sommets. L'expérience de beaucoup de professeurs, notre travail et des recherches américaines faites dans ce domaine ont montré l'intérêt de leçons groupées, « précipitées » pourrait-on dire afin que la question en cours d'étude garde toute son unité. Sans négliger complètement les autres disciplines il y a un équilibre qui se rompt en faveur de l'une ou de l'autre. Loin de nous l'idée de conseiller de faire trois mois d'arithmétique puis trois mois d'algèbre et de terminer par la géométrie. Mais il est possible de mettre l'accent sur telle ou telle partie pour aboutir à une assimilation rapide.

Donnons un exemple avant d'aller plus loin dans nos commentaires.

Soit le programme de quatrième de l'enseignement court.

a) L'accent est mis sur le programme de géométrie pour revoir et assimiler les cas d'égalité des triangles et les propriétés du triangle isocèle. Pendant ce temps de nombreux excercices, à chaque séance, pour réviser le programme d'arithmétique-algèbre de la classe précédente; Quelques compléments sont donnés pour préciser certaines notions. Aucune leçon n'est faite à l'exception de celle sur la notion de puissance.

b) Il faut maintenant assimiler les propriétés géométriques, les apprendre parfaitement, les utiliser. Le rythme du cours diminue dans ce sens. C'est le calcul algébrique qui arrive au premier plan de nos préoccupations.

c) Au cours de cette troisième période la géométrie redevient prépondérante avec l'étude du parallélisme, des parallélogrammes et quadrilatères divers.

Pendant ce temps le calcul algébrique est pratiqué à petites doses mais très régulièrement. Grâce à un très grand nombre d'exercices se précise la notion de mise en facteurs. Un autre aspect du programme d'algèbre est développé; la notion de représentation graphique sous une forme très concrète.

d) La construction de la fonction $y = ax + b$ nous préoccupe alors sous toutes ses formes. L'assimilation se poursuit sur le plan du calcul algébrique et sur celui de la géométrie. Les leçons du début du second livre sont esquissées.

e) Tandis que calcul algébrique et constructions graphiques se consolident, les notions d'angle inscrit et de quadrilatère inscriptible, avec toutes les conséquences deviennent le point de focalisation principal de nos préoccupations. Les leçons sont consacrées à ces questions.

f) Retour à l'algèbre où la résolution des équations nous devient indispensable. Les interrogations et problèmes de géométrie sont subordonnés à notre programme d'algèbre; ils n'en continuent pas moins leur évolution.

g) Nous sommes maintenant en face de la notion de rapport, des proportions et de toutes leurs conséquences. Ce sera notre dernier centre d'intérêt.

Quand nous parlons d'intérêt principal nous entendons, en général, le fait suivant. Le tiers de l'heure est consacré aux interrogations et exercices rapides sur les questions non « principales » à cette époque. Les deux tiers de l'heure permettent l'étude de la matière à découvrir. Il est bon, quelquefois, de laisser complètement se reposer, à fins de « décantation » une question qui a presque « sursaturé » les élèves. On observe aisément, à partir d'un certain moment, un véritable dégoût pour ce qui n'est pas encore assimilé après un grand nombre d'exercices. Il vaut mieux attendre et récolter les fruits quelques semaines plus tard. La dynamique des processus d'assimilation reste encore obscure pour beaucoup de notions mathématiques. Selon la difficulté propre, l'état des élèves, le mode de présentation, l'intérêt du professeur... on obtient quelquefois des assimilations rapides et presque immédiates ou, au contraire, des difficultés insurmontables. Des nombreuses études restent à faire dans ces domaines dont le double intérêt psychologique et pédagogique est évident.

Les rapports entre les aspects psychologiques et logiques de la progression mathématique se présentent sous un autre visage dans une question pédagogique qui a donné lieu à de très nombreuses discussions, souvent inutiles d'ailleurs : il s'agit de la pédagogie de la redécouverte [1]. Brunold précise le sens à donner au terme : « Découverte accélérée, qui ne saurait évidemment suivre tout le processus historique..., qui va plus directement au but, parce qu'elle est dirigée par le maître, mais découverte tout de même, ou « redécouverte », qui replace l'esprit devant le chantier cahotique d'observations ou de réflexions dont sortira le monument humble ou splendide d'un savoir

[1] BRUNOLD, *Esquisse d'une pédagogie de la redécouverte.*

cohérent et organisé, capable d'expliquer ce qui est connu dans le domaine auquel il se rapporte, et aussi de prévoir ce qui est encore inconnu ou, pour le moins, de diriger le travail ultérieur de la pensée et de l'expérience ». Nous sommes donc loin d'une caricature représentant l'élève suçant avec application l'extrémité de son crayon en levant les yeux au ciel devant une feuille de papier blanc. La pédagogie de la redécouverte ne veut pas transformer chaque lycéen en un Pascal moderne. Elle s'est développée par opposition à une attitude éducative dogmatique ne concevant l'activité de l'esprit que dans la ligne tracée par le professeur. Tout le potentiel dynamique de l'enfant était soumis à la direction du maître qui évitait — surtout dans le domaine mathématique — les tâtonnements et les erreurs.

Il est certain que nos jeunes enfants ne peuvent pas s'imaginer et redécouvrir l'ensemble de la mathématique. Il n'en reste pas moins vrai que dans beaucoup de cas le professeur pourrait suivre les conseils déjà donnés par Montaigne (1) : « ... selon la portée de l'âme qu'il a en main, il commenceast à la mettre sur la montre, lui faisant gouster les choses, les choisir, et discerner d'elle-mesme; quelquefois luy ouvrant chemin; quelquefois le luy laissant ouvrir. Je ne veulx pas qu'il invente et parle seul; je veulx qu'il escoute son disciple parler à son tour... Il est bon qu'il le face trotter devant lui, pour juger de son train; et juger jusques à quel poinct il se doibt ravaller pour s'accomoder à sa force ». Et l'auteur d'ajouter : « ... c'est une des plus ardues besongnes que je saches; et est l'effect d'une haulte âme et bien forte, sçavoir consdescendre à ces allures puériles et les guider ». L'influence cartésienne est grande et nous fait oublier les préceptes ci-dessus. Nous préférons aller de certitude en certitude que de laisser faire à l'enfant des

(1) Essais : De l'institution des enfants.

tâtonnements. Beaucoup de professeurs arrêtent leurs élèves dès qu'ils sont sur une mauvaise voie. Il est préférable de laisser poursuivre le sujet et de l'amener à juger lui-même de son erreur. Dans d'autres cas les impossibilités rencontrées pour établir la solution d'un problème seront une forte motivation pour les études dirigées par le maître. L'essentiel est de développer chez l'adolescent le goût de la recherche et d'entretenir ses réactions devant les mathématiques; nous préviendrons ainsi l'inhibition que nous avons signalée. En résumé on peut dire que la pédagogie de la redécouverte est une des formes des méthodes actives en mathématiques.

On aurait pu, au cours de ce paragraphe, retrouver, tous les problèmes psychologiques qui ont des conséquences pédagogiques. Nous avons voulu simplement relever ceux qui prenaient une allure particulière pour la pédagogie des mathématiques. La question de la progression logique n'est pas encore complètement discutée; nous allons la retrouver à propos des rapports des mathématiques et de la vie.

III. LES MATHEMATIQUES ET LA VIE

Le slogan lancé à travers l'Europe au début du siècle par Decroly et qui trouva des échos en Amérique dans les écoles pédagogiques inspirées par Dewey n'a pas encore fini de résonner aux oreilles des éducateurs. « Ecole pour la vie et par la vie » voit-on inscrit au fronton de l'école de l'Ermitage. La pédagogie moderne fit de cette maxime un des principes fondamentaux de sa doctrine. Depuis quelques années l'U.R.S.S. parle de l'enseignement « polytechnique »... un des moyens essentiels en vue du développement universel de toutes les capacités de l'homme au sein d'une société libre » [1]. La pédagogie des mathématiques ne doit pas éluder ce problème qui prend une très grande importance dans l'enseignement technique en particulier.

Il est tout d'abord nécessaire de préciser, en nous plaçant dans une perspective purement pédagogique les rapports qui existent entre les mathématiques et la réalité. Nous laisserons systématiquement de côté toute discussion épistémologique de la question.

Si l'on considère l'ensemble de l'évolution de la pensée mathématique chez nos élèves nous pouvons dire qu'elle connaît un stade concret au début, qu'elle traverse un stade formel par la suite pour redevenir capable de résoudre de nouveaux problèmes concrets plus difficiles. L'école primaire et la première année de l'initiation mathématique développe l'expérience mathématique concrète de l'élève; l'évolution psychologique d'une part et la nécessité d'acquérir des instruments intellectuels d'autre part orientent la pédagogie vers des aspects plus formels. Ce n'est qu'à ce moment que les problèmes complexes posés par la vie et la technique modernes pourront être abordés. Il ne s'agit ici que d'une vue générale de l'évolution psychopédagogique de l'adolescent.

Ce qui précède ne veut pas dire qu'à chaque instant une liaison avec un problème concret ne soit faite chaque fois que cela sera possible. Mais ici se pose la question des rapports des mathématiques avec le milieu; nous la traiterons plus loin; c'est aussi la notion de concret qu'il faudra discuter.

Dans une autre perspective indépendante des problèmes pédagogiques la question des rapports entre mathémati-

---

(1) MELNIKOV, MAROUCHKIEWIZ, LEONTIEV : *L'enseignement polytechnique à l'école moyenne*, Pédagogie soviétique, Mars 1953.

ques et réalité apparaît et l'on aboutit à des processus identiques. Une citation de L. Couffignal se passera de commentaires [1] : « Supposons qu'il s'agisse de construire une turbine hydraulique. Du problème posé, défini par un ensemble de conditions techniques, on extraira un problème de mécanique des fluides, c'est-à-dire de physique; celui-ci, par abstraction de certains phénomènes secondaires dont on néglige provisoirement les effets, pourra se réduire, par exemple, à un problème de géométrie; ce dernier enfin conduira peut-être à un problème d'analyse mathématique. Du problème technique, concret, nous sommes ainsi passés à un problème mathématique, abstrait... L'énoncé propre de ce dernier problème ignore complètement l'énoncé technique du premier; résoudre ce problème est une question de mathématiques et non plus de technique, et le technicien pourrait, semble-t-il, confier la recherche de la solution à un mathématicien, même si ce dernier n'est guère averti des questions techniques ou ne l'est point du tout. La solution analytique du problème abstrait sera suivie, par exemple, d'un calcul numérique, ce dernier d'épures, et l'étude se terminera au bureau de dessin par l'établissement des dessins d'exécution. L'atelier construira la turbine; c'est alors seulement que le problème technique posé aura reçu une véritable solution, et que l'on sera en mesure de s'assurer, par des essais, si cette solution est acceptable. Sous réserve de l'excès de schématisation que peut comporter la figure, on aperçoit donc, dans la résolution d'un problème technique, deux cheminements inverses de la pensée. Le premier substitue à l'énoncé concret des énoncés de plus en plus abstraits; chacun de ces énoncés est en réalité celui d'un nouveau

---

[1] L. COUFFIGNAL, *Rôle du calcul numérique dans la recherche scientifique et technique.* Colloque sur les méthodes du calcul, p. 47 à 104. Cette citation est reproduite dans l'article : « Mathématiques et enseignement technique » paru dans la Revue Technique, Art et Science.

problème, plus général que le précédent, mais qui ne représente qu'une partie de l'énoncé de ce dernier; la progression vers l'énoncé le plus abstrait se fait par l'abandon progressif de conditions propres au problème technique considéré. Le second de ces cheminements de la pensée a pour point de départ la solution, généralement formelle, du problème abstrait et il consiste à en déduire, progressivement des solutions numériques des problèmes que l'on a formulés au cours de la montée vers l'abstraction. Enfin, ces deux cheminements inverses de la pensée sont reliés par le raisonnement mathématique comme par une passerelle — nous retiendrons ce terme pour sa commodité ».

L'exemple choisi par l'auteur est très clair et nous permet de revenir à la question précise des rapports pédagogiques entre les mathématiques et le milieu. Les méthodes pédagogiques nouvelles, en effet, ont développé ce qu'il est convenu d'appeler « l'étude du milieu » et certains mathématiciens d'emboîter le pas. Mais la réalité technique est extrêmement complexe et très souvent inaccessible immédiatement à l'élève. L'exercice de mathématiques devient alors une leçon de technologie — qui ne manque pas d'intérêt — mais qui relève d'une autre discipline. Nous pensons que le professeur de mathématiques, comme ses collègues des autres disciplines, doit participer à cette exploration du milieu par l'élève pour aider celui-ci à prendre contact avec la réalité mais cette activité utile ne doit pas se substituer à une véritable formation mathématique telle que nous l'avons définie. L'étude du milieu enrichit l'expérience de l'enfant, lui montre l'importance des problèmes à résoudre et la nécessité des acquisitions instrumentales, lui donne l'occasion d'utiliser les connaissances mathématiques acquises mais ne suffit pas à une réelle formation mathématique. En d'autres termes le contact des mathématiques avec la vie ne doit pas se traduire par une substitution de la technologie aux mathématiques.

La question se pose différemment dans l'enseignement technique où les problèmes de l'atelier, par exemple, sont vécus par l'adolescent et donnent lieu à une approche technologique approfondie. Le professeur de mathématiques peut, dès lors, établir une liaison avec l'atelier, ce qui est difficile à réaliser dans l'enseignement du second degré.

Mais ceci n'implique pas, et nous y insistons, que les mathématiques de l'enseignement technique soient différentes de celles étudiées dans les autres établissements. Les contenus peuvent ne pas être identiques mais l'attitude de l'esprit reste la même; il n'y a pas de « mathématiques au rabais ». La réflexion exigée d'un élève pour comprendre et utiliser intelligemment des abaques ou une règle à calcul est aussi profitable pour le développement que l'étude du théorème de Thalès faite sans application aux problèmes pratiques. Dans tous les cas l'attitude de l'esprit est la même : devant une question à résoudre chercher, en s'aidant des connaissances précédemment acquises et utilisées suivant les règles de la logique, la solution mathématique acceptable. Nous ne voulons pas traiter de la pédagogie des mathématiques dans l'enseignement technique mais nous voulons signaler cet important point de doctrine.

Le désir d'utiliser systématiquement le milieu pour motiver les leçons théoriques peut être justifié tant que l'enseignement mathématique ne cherche pas à être coordonné. Mais comment répondre pédagogiquement aux sollicitations diverses et incohérentes du milieu tout en respectant un ordre logique nécessaire — tout en tenant compte de ce que nous avons dit à propos de la progression mathématique ? Imaginons une séance d'étude du milieu à laquelle participe un professeur de mathématiques; l'étude du premier monument venu fera surgir tous les problèmes de tracé de l'ogive, de l'ellipse, les volumes les plus compliqués, les intersections géométriques pour lesquelles seule la géométrie descriptive peut nous apporter la solution; l'observation d'un pont amènera à l'ellipse; au-delà du nom de la courbe que peut-on faire de plus ? Le niveau des élèves ne permet pas de trouver la solution des problèmes soulevés. Nos collègues soviétiques, malgré leur désir d'adapter l'individu à la société actuelle, insistent sur la nécessité d'une formation systématique afin de ne pas « déformer grossièrement la conception de l'école polytechnique qui doit reposer sur la base solide des connaissances en matière d'instruction générale, particulièrement la physique, les mathématiques, la chimie, la biologie et le dessin industriel » ([1]) — S'il est bon de réagir contre la conception d'une école ignorante de la réalité il ne faut pas tomber dans l'excès inverse et confondre progression mathématique avec le chaos offert par notre très complexe civilisation.

Le problème du concret se pose d'une autre façon depuis que se développe la notion de « géométrie expérimentale ». Sous la double influence de l'école montessorienne et de l'empirisme anglo-saxon on accepte volontiers que les premières années de l'initiation géométrique soient consacrées à de véritables leçons de choses portant sur les êtres mathématiques; on construit un parallélogramme, on en mesure les côtés, les angles... et on acquiert ainsi une connaissance pratique des propriétés géométriques en éliminant toutes les démonstrations.

Il y a à notre avis, une erreur profonde dont l'origine provient d'une mauvaise interprétation du conseil donné aux éducateurs : aller du concret à l'abstrait. Il est faux de croire que l'enfant vit d'abord dans le concret pour, subitement, pénétrer dans le monde de l'abstrait; les

---

([1]) Article cité.

rapports entre le concret et l'abstrait sont bien plus subtils et plus complexes. Il n'y a d'ailleurs ni concret ni abstrait absolu. A un moment de l'évolution ce qui était abstrait devient concret et les limites des deux domaines sont vagues et incertaines. Dans certains cas même, le problème abstrait est plus facile à résoudre que le problème concret.

L'utilité de ce que l'on appelle géométrie expérimentale est autre. Nos analyses précédentes ont montré l'impossibilité d'une progression rigoureusement mathématique : certaines propriétés très utiles exigent, pour être démontrées, un très long détour et un raisonnement difficile qui suppose une habitude déjà affirmée de cette activité intellectuelle. Nous pensons que dans ce cas le recours à la vérification pratique des propriétés est nécessaire à condition que celles-ci soient bien utilisées dans un raisonnement mathématique et que l'élève sache qu'elles n'ont pas été démontrées. En d'autres termes le recours à l'expérience ne doit être fait que pour permettre un raisonnement rigoureux par la suite. Comme nous le disions dans la partie précédente il y a un équilibre en faveur des connaissances expérimentales au début; plus l'éducation mathématique se poursuit plus ces facteurs sont réduits par les processus logiques qui deviennent de plus en plus maîtres de la situation. Ce n'est d'ailleurs qu'une limite à atteindre. Il nous paraît donc dangereux de faire, pendant une année, une sorte d'ersatz de la géométrie avec la règle et le compas et de ne faire appel à l'intelligence qu'ensuite. C'est une vue bien simpliste de la réalité psychologique. Les instruments géométriques ont d'ailleurs leur utilité et ce sera l'objet de notre quatrième thème d'études.

IV. INSTRUMENTS ET MATERIELS

Le souci d'établir les contacts avec le concret se manifeste de plusieurs façons dont les aspects pédagogiques prennent nom : l'utilisation des instruments, objets concrets divers, techniques modernes variées : anaglyphes, projection fixe et animée. Examinons très brièvement ces divers points.

En réaction contre l'affirmation selon laquelle « la géométrie est l'art de raisonner juste sur des figures fausses » s'est dessiné un mouvement cherchant à développer l'utilisation des instruments géométriques, le culte des figures rigoureusement exactes; ce courant a alimenté la tendance vers la géométrie expérimentale dont nous avons parlé précédemment. La question se divise en deux : celle des figures exactes ou fausses d'une part, celle des instruments d'autre part. En ce qui concerne l'utilisation des instruments tels que le compas trois aspects sont à considérer : le maniement de l'instrument lui-même, le tracé à obtenir, l'explication mathématique de l'utilisation. Quelques séances de travaux pratiques doivent être consacrées à la manipulation du compas; sans aller jusqu'aux séances de « dessin géométrique » il est souhaitable de familiariser, sur un plan presque moteur, l'élève avec ses instruments. La recherche de l'obtention d'un tracé correct, exact et précis est une occupation grâce à laquelle le jeune néophyte fait la connaissance des diverses formes de compas et de tire-ligne; cette activité relève, à notre sens, du professeur de dessin. Mais un instrument doit être traité, par le professeur de mathématiques, comme un des éléments d'un problème. Il y a deux niveaux dans la connaissance d'une construction; savoir les opérations manuelles qui aboutissent au résultat exact et, ce qui est pour nous le plus important, la justification mathématique de ces opérations. Trop souvent, pour nos élèves, construire la bissectrice d'un angle c'est faire une suite de manipulations plus ou moins mystérieuses pour tracer une droite qui répond par miracle à ce qui est demandé. Une construction géométrique doit être traitée comme un problème et l'assimilation définitive s'appuie à la fois sur un raisonnement et sur une fixation mnémonique.

Prenons l'exemple de la construction d'une perpendiculaire menée d'un point P à une droite xy

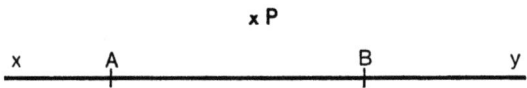

Nous supposons ne pas disposer d'une équerre. Notre problème est de déterminer une droite PP′ coupant perpendiculairement xy; mais le point P′ est inconnu. Nos « réflexes intellectuels » font surgir le triangle isocèle et ses propriétés, le losange avec ses diagonales. Par éliminations successives nous sommes amenés à considérer des théorèmes connus à condition de construire un losange dont un des sommets sera P et dont une des diagonales sera xy. A ce moment la construction peut être trouvée par les élèves et les différentes manipulations correspondent chacune à une propriété géométrique explicitée :

a) je prends une ouverture de compas quelconque

a′) conditions d'intersection d'une droite et d'un cercle

b) je détermine 2 points A et B

b′) les rayons d'un cercle sont tous égaux. Donc PA = PB

c) de A et B comme centre je décris 2 arcs de cercle égaux en conservant la même ouverture de compas que précédemment

c′) je construit un losange P A B D puisque PA = PB - BD = AD et PA = PB = BD = AD donc l'ABD est un parallélogramme (côtés opposés PA = BD et PB = AD et un losange (PA = PB)

d) je joins P et D

d′) propriétés des diagonales du losange.

L'utilisation de l'instrument est donc loin d'être une séance de géométrie expérimentale; utiliser correctement un instrument équivaut, dans une telle conception, à raisonner mathématiquement. Une telle méthode favorise la compréhension des lieux géométriques et surtout des problèmes de constructions géométriques qui paraissent si difficiles aux élèves.

Que voit-on dans la pratique ? L'intérêt de l'enfant est trop souvent déplacé; le point d'application de son attention n'est plus le raisonnement mathématique mais le maniement de l'instrument et la grosseur des traits obtenus. C'est, croyons-nous, la raison pour laquelle rares sont les classes dans lesquelles la question des constructions géométriques est correctement résolue pédagogiquement. Et nous voyons aussi pourquoi la géométrie expérimentale considérée sous l'angle de l'utilisation de l'instrument est, certes, utile mais ne relève pas d'une véritable formation mathématique.

La figure, en tant que matériel d'appui du raisonnement n'est qu'un cas particulier du désir de concrétiser les êtres géométriques afin de donner un contenu réel aux définitions et propriétés mathématiques. C'est ainsi que l'on a cherché à construire réellement les objets de la géométrie dans l'espace en utilisant tous les procédés depuis le bois jusqu'à la matière plastique transparente en passant par les fils et la technique des anaglyphes. L'analyse de ces différents matériels nous amènerait à des considérations soit techniques soit pratiques qui déborderaient le cadre de ces commentaires. Disons simplement que le matériel doit être le point de départ d'un processus intellectuel qui, de l'intuition s'élève à la forme mathématique la plus abstraite; il ne peut donc s'agir que d'une étape qu'il faut dépasser car la géométrie n'est pas une simple leçon de choses sur les êtres géométriques. Ceci n'enlève rien à l'utilité de ces matériels qui constituent une base concrète solide pour tous les élèves.

Dans certains cas même, le passage de la vision à la pensée a été systématiquement organisé; c'est dans cette perspective qu'il faut considérer le matériel en couleurs de Cuisenaire (¹) : « Ainsi, si le matériel est précis, le jaune et le vermillon mis bout à bout donnent une longueur égale à celle du noir, longueur qui s'obtient aussi à l'aide du vert clair et du carmin, ou du vert foncé et du blanc. Les couleurs en soi constituent des relations qui se fixent aisément et orientent l'enfant vers la composition ou la décomposition des nombres à l'aide d'une opération d'addition ». Une expérimentation précise dèvrait rechercher en quoi les associations rigides ainsi créées sont favorables ou défavorables à l'abstraction.

Mais la géométrie n'a pas qu'un aspect descriptif; souvent elle met en jeu des propriétés fonctionnelles qu'une figure ou l'art du professeur ne suffisent pas à illustrer clairement. C'est ici que les systèmes articulés, les projections fixes « mobiles », le film sont d'un apport précieux.

Par une utilisation ingénieuse de simples pièces de Meccano on a pu réaliser des systèmes permettant d'obtenir des transformations ponctuelles : translations, rotations, homothétie, inversion. Ce matériel, qui ne remplace pas la démonstration géométrique, a l'avantage de donner une vue d'ensemble du problème constituant une impression globale motivante pour l'activité logique; Il peut être d'ailleurs utilisé selon les cas soit au début soit à la fin de l'étude.

Les techniques modernes ont permis une présentation spectaculaire de ce matériel construit en plexiglas et projeté au moyen d'un omniscope. C'est ainsi que dans une classe fut présentée la notion de tangente à un cercle; la finesse des tracés sur des plaques de rhodoïd

---

(¹) CUISENAIRE et GATTEGNO, *Les nombres en couleurs*, Delachaux et Niesté.

permît une précision impossible avec la craie ou le crayon et la projection orienta l'attention de tous les élèves vers les explications et commentaires du professeur.

Ce que nous avons dit pour les simples instruments géométriques reste valable pour ce matériel moderne. Après une prise de contact nécessaire pour satisfaire la curiosité des élèves il faut que l'activité logique retrouve sa place de premier ordre. L'action du maître est simplifiée, rendue plus efficace; il doit en résulter pour les élèves une meilleure compréhension et de plus grands progrès. L'intérêt de ce matériel est d'être simple, maniable et peu coûteux.

Il n'en est pas de même des films dits de mathématiques; à leur sujet une discussion est nécessaire. Il est certain que le film apporte une vue d'ensemble du phénomène et qu'il favorise, par-là, l'analyse et la compréhension du problème. Mais des exigences techniques et commerciales font qu'il est impossible de consacrer un film à une propriété très limitée afin de la présenter avec la lenteur désirable. Ce qui serait fort utile pour le pédagogue — en tenant compte des installations matérielles des classes — serait d'avoir de très courtes bobines, présentables même sous forme de boucles ne présentant qu'un aspect géométrique qu'il est impossible de réaliser concrètement; il ne faut pas oublier que l'activité personnelle des élèves, sur le plan de l'assimilation de notions abstraites, est toujours plus favorable que l'attitude imposée par le cinéma. Dans certains cas, il est vrai, seul le cinéma peut permettre une analyse que l'observation rend impossible; c'est le cas, par exemple, du film mécanique réalisé par M. Couffignal sur la fraiseuse à tête orientable.

Nous ne devons pas non plus oublier qu'un autre facteur entre en jeu; le rendement d'un tel instrument en tenant compte de la somme énorme de travail qu'il faut pour le réaliser. La motivation qu'il fait naître est toujours utile mais à quel prix obtient-on un tel résultat ? C'est le cas, par exemple, du film sur les polygones réguliers de Marc Cantagrel.

Il ne s'agit donc pas de rester étranger aux possibilités nouvelles apportées par la technique dans le domaine pédagogique; elles rendront nos classes plus agréables et plus efficaces. Mais nous ne devons jamais perdre de vue qu'elles ne sont que des techniques supplémentaires au service de l'éducateur pour permettre une accession plus aisée au plan de la logique.

V. PRESENT ET AVENIR

Arrivé au terme de ce travail il nous est possible de préciser les caractères que nous avons voulu lui donner et d'ouvrir de nouveaux horizons.

Tous les problèmes posés par la pédagogie des mathématiques n'ont pas été examinés car notre but n'était pas d'écrire un traité. Les aspects pratiques n'ont été soulevés que lorsqu'ils illustraient une idée générale; le contenu des divers programmes aurait pu donner lieu à des études comparatives intéressantes, les diverses méthodes pédagogiques trouvant une application en mathématiques auraient pu devenir l'objet de chapitres documentés et instructifs. Les questions étudiées n'ont pas toujours été complètement développées et seuls les points importants ont été signalés : nous n'avons pas voulu constituer une encyclopédie.

Quel était notre but ? Prouver que l'attitude scientifique en pédagogie était possible, qu'elle n'excluait pas les considérations psychologiques et philosophiques, qu'elle ne s'opposait pas à la pratique et qu'elle laissait à l'éducateur son rôle d'artiste. Notre travail est celui d'un professeur et d'un chercheur. Son utilité, pour les professeurs et pour les parents nous semble incontestable : par les résultats eux-mêmes et par l'attitude nouvelle qu'il peut provoquer chez l'éducateur. On peut être convaincu, d'une façon assez superficielle, de la nécessité — même pour le professeur de mathématiques — de tenir compte de la psychologie de l'élève. Nous montrons, avec force détails, comment les formules générales trouvent un contenu concret et quelle est la nécessité absolue d'une orientation psychologique. S'il fallait résumer en quelque sorte la conclusion la plus importante de toutes nos réflexions nous nous exprimerions ainsi : le mathématicien détermine un but à atteindre, le professeur utilise les moyens les meilleurs pour atteindre ce but. Par suite d'une confusion on a cru que le meilleur moyen devait être homogène au but. C'est, à notre avis, la grande confusion du logique et du psychologique. Nos professeurs sont très bien formés en tant que mathématiciens. Mais le titre d'agrégé n'implique pas automatiquement la qualité de psycho-pédagogue.

Nous pouvons nous tourner maintenant vers l'avenir. Notre travail devrait ouvrir la voie à toute une série de recherches pour préciser davantage nos connaissances et combler les lacunes actuelles inévitables. De nombreuses expériences seraient nécessaires pour établir le meilleur ajustement des programmes et des horaires à l'âge, au niveau, aux préoccupations et à la personnalité de nos élèves. Corrélativement l'étude de la genèse des grandes notions mathématiques pourrait être complétée. Sur le plan pratique une analyse psychologique et pédagogique des leçons et exercices divers permettrait de donner d'utiles conseils aux professeurs en ce qui concerne la difficulté des questions présentées aux élèves et les obstacles que ceux-ci pourront rencontrer. Des expérimentations nombreuses aboutiront à préciser les limites dans lesquelles pourra s'exercer l'action de l'éducateur en étudiant objectivement les différentes méthodes pédagogiques et les résultats qu'elles permettent d'obtenir.

Il faut être convaincu que l'attitude éducative authentique ne consiste pas seulement à trouver une solution aux problèmes pédagogiques; il faut chercher la meilleure solution possible étant donné les différents facteurs en jeu. On nous confie des enfants : nous sommes responsables de leur éducation; nous trahissons notre fonction humaine si nous ne nous efforçons pas d'exploiter au maximum les possibilités que chaque enfant porte en lui. Une inquiétude constante doit fermenter en nos cœurs et nous devons répondre avec toutes nos compétences, toutes nos méthodes scientifiques d'étude et de recherche, tout notre amour de l'enfant et notre complet dévouement à notre belle mission : former un homme.

TABLE DES CHAPITRES